JN017206

3ヶ月で1万フォロワー・
月10万円を叶える

革命的に稼げる インスタ運用法

SNS教育系
YouTuber
カイシャイン

KADOKAWA

はじめに

突然ですが、あなたは「Instagramで稼いでいるアカウント」と聞いてどのようなアカウントをイメージしますか？

フォロワーが数十万人いる有名インフルエンサー

面白いリールをたくさんアップしている動画クリエイター

水着やリゾートの写真が多い美女インスタグラマー

実は、よくあるこれらのイメージは勘違いであるケースが多いんです。

それでは、次のアカウントの運用者は、それぞれInstagramだけで月収いくら稼いでいるでしょうか？

A

フォロワー10万人程度の
アカウント

B

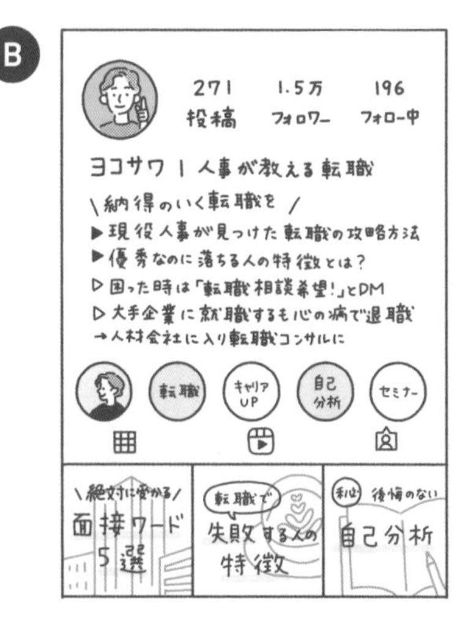

フォロワー1万人程度の
アカウント

正解はAが月収1万円、Bが月収10万円です。

おそらく「Aのほうが稼いでいそう」と思った方が多いのではないでしょうか。

これらの勘違いは、「フォロワーを増やしたら収入も上がるはず！」という誤った認識からきています。

Instagramではフォロワーが多ければ多いほど稼げるというわけではありません。

後ほど実際の事例を紹介しますが、**フォロワーが数百人であっても月収数十万円を稼いでいるアカウントも存在**します。

本書では、効率よく稼ぐアカウントを作るためのノウハウを解説しています。次のような悩みや不安を抱えている方にこそ、読んでいただきたい本です。

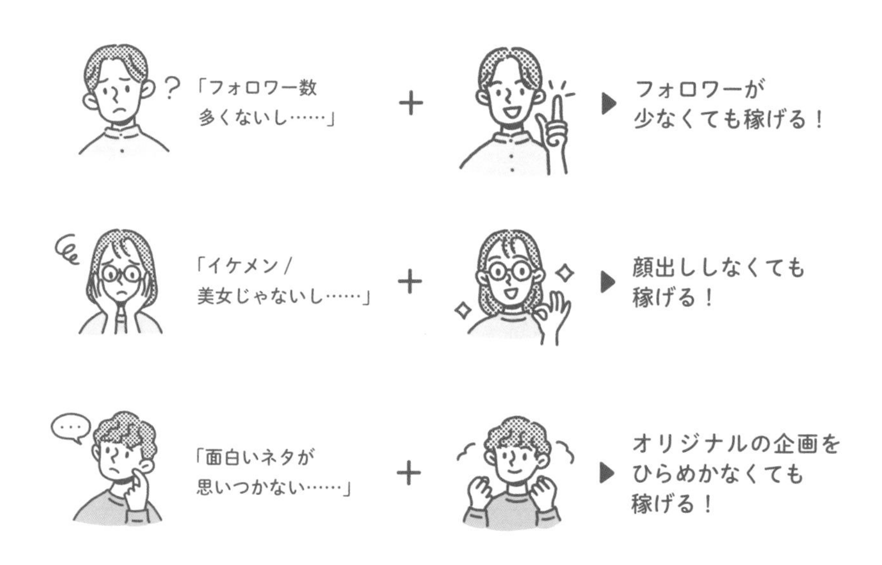

僕の周りにはInstagramだけで本業のお給料を超える副収入を得て

いる人や、Instagramで稼げるようになった結果フリーランスとして独立した人がたくさんいます。

タイトルにあるような「3ヶ月で10万円」程度の収入を得ている人から、運用方法次第では1億円以上稼ぐ人もいるほど（！）マネタイズに適したSNSなのです。

この先でお伝えするInstagramの正しい運用方法を知りさえすれば、あなたもInstagramで稼ぐ人たちの仲間入りができるようになるでしょう。

100社以上の運用代行やコンサルティングで得たノウハウ

本題に入る前に、少しだけ自己紹介をさせてください。

僕はSNSマーケティング会社の取締役として、**これまで100社以上の企業アカウントの運用代行やコンサルティング**を行ってきました。

100社以上の運用代行やコンサルティング！

大手商業施設のアカウント	教育系アプリのアカウント
おもちゃメーカーのアカウント	老舗メーカーの新卒採用アカウント
飲食系メーカーのアカウント	音楽教室のアカウント
家具メーカーのアカウント	若い女性向けの振袖会社のアカウント

また、個人としては**登録者数10万人を超えるSNS教育系YouTubeチャンネル「カイシャインのSNS高校」にて運用ノウハウを発信**しつ

つ、Instagram での収益化に成功しているインフルエンサーへのインタビューも実施しています。

SNS の運用ノウハウを発信する「カイシャインの SNS 高校」

さらに、SNS について学べるオンラインスクールも運営。

累計 1,500 人以上のスクール生に向けて最新の運用ノウハウを伝え、人数限定でのコンサルティングを行っています。

本書には、上記の経験から見出した **Instagram で稼ぐための運用法**をギュッと詰め込みました。

他の SNS マーケティング本と違うのは、僕自身がインフルエンサーとして成功した事例のみを記した本ではない点です。

「名選手、名監督にあらず」という言葉があるように、Instagram で成功したインフルエンサーが必ずしも他の人を成功させられるかというとそうではありません。

僕には“監督”のような立場で多数の名プレイヤー（アカウント）を輩出してきた実績があります。

多様な業種やクライアント様のアカウントを運用・コンサルティングしてきたからこそ分かる、**どんなジャンルでも再現性を持って実行していただけるノウハウ**を記しています。

3ヶ月で1万フォロワーを達成して
月10万円稼ぐ運用法

これまで数多くのInstagramアカウントに携わってきた僕が思うのは、**月10万円程度であれば誰でも稼げるようになる**ということ。

稼ぐ方法（マネタイズ手法）については序章にて詳しく解説しますが、例えば「アフィリエイト（成果報酬型広告）」で10万円を稼ぐシミュレーションをしてみましょう。

10,000フォロワーのうち、
1回のストーリーズを見てくれるフォロワーが20%（=2,000人）で、
そのうち1%（=20人）が成果報酬2,500円のサービスに登録

成果報酬		フォロワー数		ストーリーズ閲覧率		CVR※		1投稿当たりの収入
2,500円	×	10,000人	×	20%	×	1%	＝	5万円

➜ストーリーズを2回投稿するだけで、月10万円達成！

※CVR（コンバージョン率）とは……購入や問い合わせなどの成約率

1万フォロワーは正しいやり方でコツコツ運用すれば3ヶ月程度で達成できるラインですし、ストーリーズ閲覧率やアフィリエイトのCVRも、正しく運用されているアカウントにおいては平均的な数値です。

皆さんが想像していたよりも**Instagramで稼ぐことは案外難しくない**ということをお分かりいただけたのではないでしょうか。

スキマ時間にInstagramを頑張るだけで、家にいながら月10万円分の収入が手に入るとしたら、毎日の生活がより豊かになると思いませんか？

さらに頑張れば頑張るほど、そのお財布をどんどん大きくしていくことも可能です。

僕がYouTubeやオンラインスクールで発信しているノウハウをもとにInstagram運用を頑張り、成果を出された方の声を一部紹介します。

・30代男性・Tさん　会社員

SNSの素人だった僕が、「カイシャインのSNS高校」のYouTube動画を見て車のアカウントを立ち上げたところ、運用5ヶ月でフォロワー3.6万人に到達。

月130万円稼ぐことができました！

・30代女性・Sさん　主婦 兼 ハンドメイド作家

アクセサリー販売の売上をもっと増やしたい！ と思い、カイシャインさんのYouTubeとオンラインスクールでInstagramを勉強しました。

Instagramを始める前はイベントやECサイトで販売して20万円ほどの売上でしたが、Instagramでファンを獲得できてからは単価アップに成功。

フォロワー5,000人で、Instagram経由でのアクセサリー販売の売上が100万円を超えました！

上記の他にも、巻末特典では30のInstagramで稼ぐことに成功したアカウントをピックアップしてご紹介しています。

「Instagramで稼げるのは何か特別なスキルや経験がある人なので

は？」と思われるかもしれませんが、それは間違いです。

本書にはInstagramのマネタイズに成功したアカウントの共通点を**戦略的なInstagramの運用法**としてまとめました。

この本を読んで着実に実行すれば、誰でもInstagramで稼げるようになる！ と断言できます。

「今からInstagramを始めるのはもう遅い」はウソ

僕がよくいただく質問のひとつが「今さらInstagramで稼ごうと思っても、もう遅いですか？」というもの。

答えはNOです。

たしかに、Instagramを含むビジネスにおいて「先行者利益」があるのは事実です。

競合が存在しない状況で新たな市場を作り、利益やメリットを得ることを意味する言葉ですね。

新たなプラットフォームが生まれたら早めに参入するに越したことはありませんが、**出遅れたら出遅れたで別のメリットがある**と僕は考えています。それは、**ある程度確立された攻略法をもとに効率よく戦える**ということ。

日本では2014年2月にInstagramがリリースされ、約10年が経過しました。ノウハウが出切って市場が成熟した今だからこそできることもあります。

先行者利益を得ることはできなくても、先行者たちが回り道しながら築き上げた攻略法をしっかり勉強することで、**最短ルートで成功へと駆け上がれる**でしょう。

ただし、「とりあえずやってみよう！」と今から自分の勘だけでスタートするのは危険です。

僕がこれまでにインタビューしたInstagramの成功者のほとんどが、Instagramのノウハウを勉強してから運用を開始しています。

趣味で運用するなら問題ありませんが、ビジネスとしてInstagramをやっていくのであれば、**手探りの運用は機会損失を生んでしまう**からです。

今、この本を手に取ってくださっているのはどのような方でしょうか。

- 本業と同じ程度の収入を副業でも稼ぎたい会社員
- アルバイトではなく得意のInstagramで収入を得たい大学生
- 小さな子どもがいるから家にいながら収入を得たい主婦・主夫
- Instagramの収入を生活の足しにしたい人

上記にピン！と来た方には、本書がきっと役に立つでしょう。

必要なのは本書のノウハウと1台のスマホ、そして一歩を踏み出す勇気のみ。

空いている時間で効率よく稼ぎたい方は、この本をきっかけにぜひInstagram運用にチャレンジしてみてください。

目次

序章
稼げるインスタ運用は自宅でできる0円起業

第1章
稼げるアカウントは「初期設計」で決まる

第2章

売れるプロフィール・売れないプロフィール

第3章

フィード投稿は見込み客を集める営業マン

第4章

リール＝金のなる木を育てて稼げるアカウントへ

第5章

ストーリーズで見込み客を優良顧客へ育成

第6章

10万円稼ぐための マネタイズ導線の作り方

終章
Instagramで稼ぐための7箇条

序

1

序章

稼げるインスタ運用は自宅でできる0円起業

投稿者４つのタイプ

「起業」と聞くと何だか難しそうに感じるかもしれませんが、Instagramならスマホがあれば初期費用もランニングコスト（運転費用や維持費用）も**０円で新たなビジネスを始められます**。

自宅でできる副業として昔から人気のあるブログはサーバーやドメインの取得に費用がかかりますし、せどり・転売は在庫を抱えるリスクがありますよね。一方、**Instagramはリスクなく始められる０円起業**です。

僕はこれまで、

- **育児の合間をぬってInstagramを運用して月に６桁以上の収益を上げ続けるママさん**
- **仕事後の２時間でコツコツInstagramを運用して本業以上に稼ぐことに成功した会社員**

など、スキマ時間を効率よく稼いでいる人をたくさん見てきました。

成功する人と失敗してしまう人の違いは、本書でお伝えする正しいやり方でInstagramをやったか、やっていないか。それだけの差です。

Instagramで投稿を行うアカウントは主に右の４つのタイプに分類されます。

本書のテーマは「稼ぐ」、つまりマネタイズを目的としたInstagram運用です。マネタイズの根底は「誰が」「どんなことに悩んでいて」「その悩みをどんな商品提供で解決できるか」。

右の通り**稼ぎたいのであれば、どんなジャンルや商品にも当てはめやすく、顔出し不要で誰でもチャレンジできる「ジャンル特化アカウント」を運用することをおすすめ**します。

インフルエンサーアカウント

●写真のみの文字なし投稿がメイン
●有名人や美男美女が圧倒的に伸びやすいため、誰でもできるわけではない

ジャンル特化アカウント

●文字入れ投稿がメイン
●**細分化された多くのジャンルが存在しており、チャレンジしやすい**

プライベートアカウント

●自分の日常や趣味についての投稿
●なんとなく始めた人が多い
●目的や方向性が定まっておらず、投稿内容が雑多なアカウント

企業アカウント

●個人ではなく企業が運用するアカウント
●企業アカウントはフォロワーを獲得しにくいため、あえて企業名を伏せメディアを装って運用するケースも

POINT

文字入れ投稿メインのジャンル特化アカウントでマネタイズする

Instagramで稼ぐ6つの手段

Instagramでお金を稼ぐ方法は主に6パターンあります。

それぞれ特徴や稼げる金額が異なるため、下の図を参考に自分に合った方法を選択することが大切です。

マネタイズ方法	特　徴	稼げる金額の目安※（単価）
PR	企業から依頼を受け、商品やサービスをPRして報酬を得る方法。自分から売り込み営業をすることも可能。	・フォロワー数により変動 フォロワー数×0.8～1.5円程度が相場。インサイトを示して交渉してもOK！
アフィリエイト	ASP（広告主とアフィリエイターの仲介役）からPRしたい商品を選んで販売する方法。リンク先にユーザーを誘導し、購入や登録に至ると報酬が発生する。	・数十円～2万円前後 商品価格×4%程度の低単価案件から1回2万円の高単価案件までさまざま。
コンテンツ販売	自分で作った記事、動画、資料などの情報商材を販売する方法。noteやBrainなどのコンテンツ販売プラットフォームを活用して販売する形式が一般的。	・数百円～5万円前後 自分で価格を自由に設定できるため、報酬額に上限はない。ただし、プラットフォームごとの規約あり
スキル販売	自分のスキルをInstagram上で販売する方法。有形商材（イラストやハンドメイド作品など）と無形商材（レッスン・コーチやコンサルなど）の2パターンに分類される。	・数百円～5万円前後 コンテンツ販売同様、自分で価格を決められる。フォロワーが少ない場合でも、しっかりファンがついていれば高額を稼げる。
Instagramコンサルティング	自分のInstagram運用を通じて得た成功ノウハウをもとに、他人のアカウントに助言・指導を行って報酬を得る方法。まずは自分のアカウントを成長させ、ノウハウやマネタイズ手法を言語化する必要がある。	・3万円～5万円前後（月額） マーケティング次第で単価や売上が大きく左右される。
Instagram運用代行	他人や企業のアカウント運用を代理で行って報酬を得る方法。撮影、デザイン、ライティングなど幅広いスキルが必要である上、工数もかかる。1人で行うには抱えられる案件数がすぐに頭打ちになるため、チームを組んでやるのが一般的。	・10万円～（月額） 本人の実績や作業範囲によって金額が変動する。

※アカウントのジャンルや商品の種類によって大きく変わる場合があります。

マネタイズ難易度と稼げる金額感をマッピングすると下記のようになります。

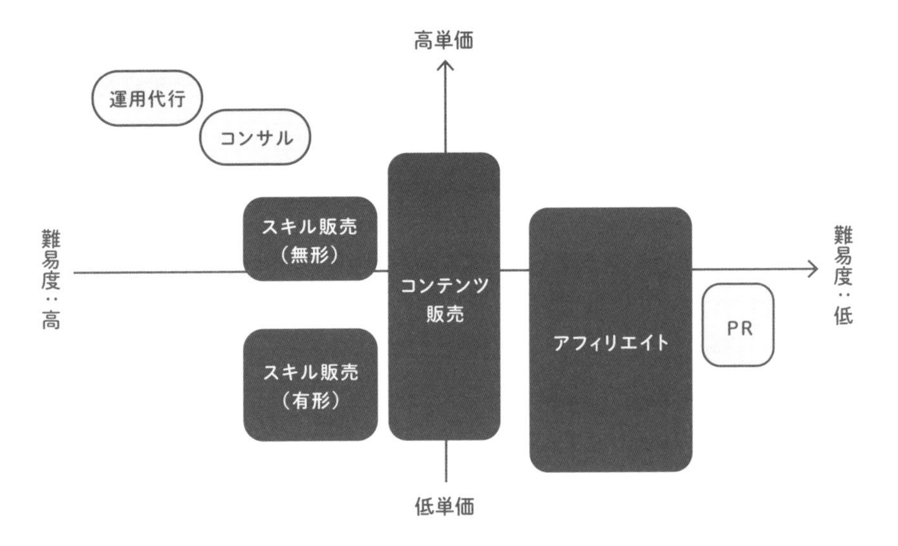

「これからInstagramで稼げるようになりたい」と考えている方には、**アフィリエイト、コンテンツ販売、またはスキル販売からスタート**されることをおすすめします。

PRだと難易度は低いものの案件数や報酬額を自分でコントロールしにくく、そもそも見かけのフォロワーがいなければ企業からの依頼が来ないからです。

また、Instagramのコンサルティング※や運用代行はInstagramの成功者がチャレンジできる次なるステップのような位置付けになります。

※Instagramのコンサルティングは Instagramの運用に関するアドバイスを行うものであるのに対し、スキル販売で触れた「コンサル」は転職コンサルや恋愛コンサルなど自分が元々持っているスキル由来のものであり、両者は異なります。

例えばあなたの趣味がアクセサリー作りだとしたら、まずはフォロワーを増やしてファン化し、自作のアクセサリーを販売した後に

- **「ハンドメイドに特化したアカウント運用のノウハウ」をまとめた記事を販売する**
- **ハンドメイド作家を対象にしたコンサルティングや運用代行を行う**

といった展開ができるでしょう。

自身がInstagramを通じてハンドメイド作品を販売・成功した実績がなければ、そもそも誰もInstagramに関するコンテンツを購入したり、コンサルティングを依頼したりすることはないですよね。

POINT

難易度と稼げる金額を考慮してマネタイズ方法を選ぶ。
最初はアフィリエイト、コンテンツ販売、
またはスキル販売がおすすめ！

10万円を稼ぐまでのロードマップ

アフィリエイト・スキル販売・コンテンツ販売でのマネタイズを想定してInstagramで月10万円を稼ぐまでの手順を作成し、本書に落とし込みました。

アカウントのジャンル選定からマネタイズまで各手順を章ごとに解説し、チェックリストもご用意しています。

あなたがチェック項目を埋めることができたとき“稼げるアカウント”が完成します！

POINT

順番にステップを踏んで稼げるアカウントを作り上げる

この本の構成

始める

アカウント初期設計

稼ぐためのアカウントを作る ―― 第1章 p.30～

プロフィール作成

フォローしてもらえる状態に整える ―― 第2章 p.64～

運用する

フィード

フォロワー＝見込み客を集める ―― 第3章 p.88～

リール

より多くのユーザーにアプローチする ―― 第4章 p.162～

ストーリーズ

見込み客を優良顧客へと育てる ―― 第5章 p.192～

稼ぐ

マネタイズ

集めた顧客へ商品・サービスを販売する ―― 第6章 p.216～

Instagramが投稿者に望んでいること

運用をスタートする前に、まずはInstagramの仕組み（アルゴリズム）について理解しておく必要があります。

稼ぐアカウントを作るうえで、大前提として「Instagramに好かれなければならない」という思考を持っておいていただきたいです。

プラットフォームが望むものを理解し、実行することが成功への最短ルートだと言えます。

Instagramが投稿者に望んでいることは「**ユーザーをできるだけ長くInstagramに留めてほしい**」ということ。

Instagramは常にTikTokやYouTubeなどの強敵たちとユーザーの奪い合いを行っています。

24時間の中でSNSを見る時間は限られているため、0.1秒でも長くユーザーをInstagramに留めてくれる投稿者が好きなのです。

なぜなら、Instagramのサービスを提供しているMeta社の主な収益源はオンライン広告だから。

各企業や個人は宣伝のためにMeta社へお金を払ってInstagram上に広告を出しています。

ユーザーの利用時間が延びると、広告を見てもらえる時間が増える＝Meta社の収益が上がる！ というワケですね。

「自分が何を発信したいか？」や「フォロワーが見てどう思うのか？」という考え方になってしまう人は多いですが、**「Instagramに好かれるためにはどうすればいいのか？」をしっかりと考えて運用していくこと**

が大切です。

では、Instagram が好むのは具体的にどのような投稿なのでしょうか。

こちらについては既に公式発表が行われており、次の5つのアクション（①保存数②いいね数③コメント数④プロフィールアクセス数⑤投稿への滞在時間）をユーザーから獲得できているアカウントを優遇することが明らかになっています。

上記の中で**最も重要なのは⑤投稿への滞在時間**です。

①〜④のアクションを行っている間もユーザーは Instagram に留まっている、つまり滞在時間が延びていくことになります。

投稿者である私たちは「**滞在時間を引き延ばすことで Instagram の恩恵を受けられる**」ということを覚えておいてください。

POINT

0.1 秒でも長くユーザーを足止めできる
投稿・アカウントが伸びる

「フォロワーが多い＝稼げる」の勘違い

もうひとつ知っておいていただきたいのは、**フォロワーの数と稼げる金額の多さは必ずしも比例しない**ということです。

実際に、フォロワー1,000人未満でマネタイズに成功したアカウントも存在します。

フォロワー1,000人未満でマネタイズに成功したアカウントの例

1

マネタイズ方法	スキル販売（有形商材）
マネタイズ時のフォロワー数	906人
商材	ハンドメイドアクセサリー
単価	3,000～5,000円→月商30万円

リールで広くフォロワーを獲得し、集めたフォロワーに対してストーリーズ上で作品への想いを発信。その後、ライブ配信で商品を販売し、その場で質問回答まで行うことで、顧客の満足度を高められた。

2

マネタイズ方法	スキル販売（無形商材）
マネタイズ時のフォロワー数	804人
商材	タイ教育移住サポートサービス
単価	20～50万円

ニッチジャンルは競合が少なく、見つけてもらうまでが難しいが、顧客を獲得できたら市場を独占できる。タイの教育移住に興味のある確度の高いユーザーが集まり、高単価商材の販売に成功した。

3

マネタイズ方法	コンテンツ販売
マネタイズ時のフォロワー数	952人
商材	Canvaテンプレート
単価	1万円→販売初日で110部販売

作成したCanvaテンプレートを特典としてLINEにリスト（顧客の情報）を集め、LINE上で先行販売を行った結果、リスト経由のみで70万円の売上を達成。商材にマッチした集客を行った結果、フォロワー数が少なくてもコンテンツの販売に成功した。

上記の事例から分かるように、今や**フォロワーは量より質**の時代です。

アカウントのジャンルや商材にマッチしたフォロワーを獲得できていれば、少ない人数でもマネタイズできます。

一方、フォロワーが多くてもマネタイズできないアカウントも存在します。

例えば、自分の写真を載せて数万人のフォロワーを獲得している美女アカウントで「タイ教育移住サポートサービス」を販売したとしても、なかなかコンバージョンにつながらないでしょう。

集まったフォロワーは「美女を見たい人」であって、「タイに教育移住したい人」ではないからです。

「はじめに」でもお伝えした「とりあえずやってみよう！ は危険」の意味をお分かりいただけたのではないでしょうか。

ここから先は**Instagramの仕組みとフォロワーの質の重要性**を念頭に置いて読み進めてくださいね。

POINT

フォロワー数が少なくても質が良ければマネタイズできる

序

1

2

第 1 章

稼げるアカウントは「初期設計」で決まる

稼げるInstagramは初期設計が9割

僕は、**Instagramの成功を左右する要因の9割が初期設計にある**と考えています。

初期設計をきちんと行うことで、「自分は何者で」「どのようなアカウントを作っていて」「誰に（どのようなユーザーに）」「何を（どのような価値を）提供していて」「競合アカウントに比べてどのようなメリットがあるのか」を明確にできている状態になります。

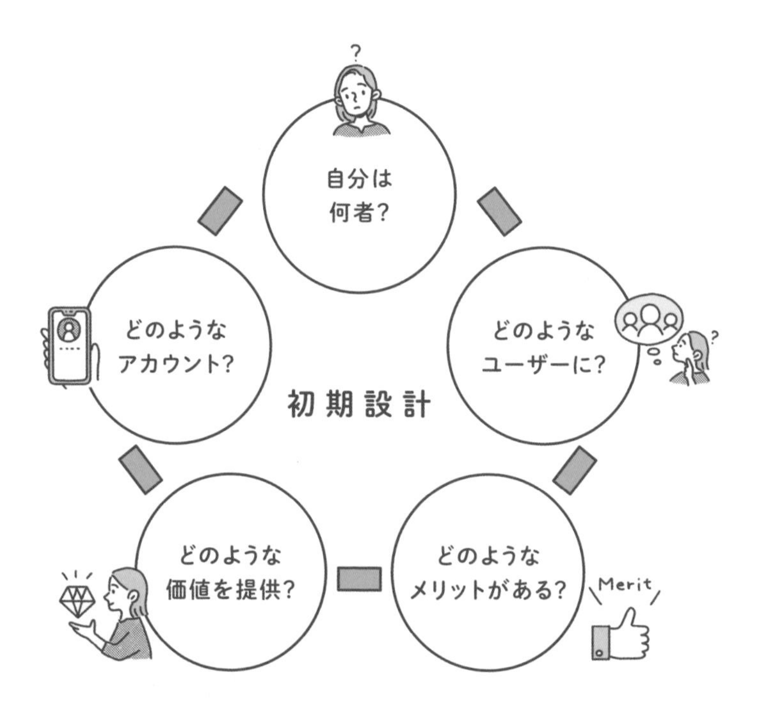

逆に初期設計が不十分な状態だと、数多（あまた）ある競合アカウントの中から自分のアカウントを選んでフォローしてもらい、投稿に反応してもらい、紹介したものを買ってもらうことは難しいでしょう。

すでにフォロワーが1万人以上いて、今後さらなる飛躍とマネタイズの成功が見込めるアカウントであれば初期設計は問題なく行えていると考えられます。

一方、「1年以上運用しているのにフォロワーが5,000人に到達しない」「投稿内容やデザインを変えても改善しない」というようなアカウントは初期設計に問題がある可能性が高いです。

闇雲に投稿を作り始めたり、何となくの感覚で運用を始めたりすることは、稼ぐためのInstagram運用において大きなリスク。まずはしっかりと初期設計を行い、稼げるアカウントの土台を作ります。

OK

1. 初期設計を行う（アカウントのジャンルは？ 誰に向けて？ 何を発信？ メリットは？ 売り物は？）
2. 初期設計に基づいたプロフィール
3. 初期設計に基づいた投稿
4. 初期設計に基づいたマネタイズ

➡ 売るためのアカウント設計をしているため、フォロワーが少ない段階でもマネタイズできる可能性が高い。

NG

1. なんとなく頭の中でイメージする
2. なんとなく名前を考える
3. 自分がいいなと思ったアカウントの投稿を真似する
4. なんとなくプロフィールを作る
5. とりあえず投稿してみる
6. 慌てて次の投稿を作りだす

➡ 天才や特別運のいい人でなければフォロワーは増えない。またはフォロワーが増えてもマネタイズできない。

POINT

具体的な初期設計と、初期設計に基づいた運用が必須

“売り物”を軸にしたアカウント運用

現実の世界において売り物がない状態で商売を始める人はいません。“稼ぐこと”に焦点を当てて Instagram を運用する場合、**最初に商材（売り物）を決めて、その商材を売るためのアカウント設計を行う**必要があります。

趣味や好きなものだけを基準に運用を始めてしまうと、**フォロワーが増えたとしても稼げないアカウントになる可能性が高い**からです。

実際に見た“フォロワーが多いのに稼げないアカウント”

❶

「グミが好きだから、グミを紹介するアカウントを作ろう！」

↓

「フォロワーが10万人に！グミ好きの人って結構いるんだなぁ」

↓

「こんなにフォロワーがいるなら稼げるかも？」

↓

「グミ好きの人を集めたはいいけど、この人たちに売れるものがない……お菓子の商材も単価が低すぎる……」

❷

「ディズニーのイラストを描いて投稿しよう」

↓

「ディズニー好きな人が多いからすぐにフォロワーが増えた！」

↓

「ディズニーのイラストは著作権の関係で販売できないから、オリジナルのイラストを販売しよう」

↓

「投稿が伸びない＆売れない……。オリジナルイラストにはファンが付かなかったんだ」

「何となく運用しはじめた結果、フォロワーが増えたので途中からマネタイズを目指してみた」

これが1番稼げない、かつ労力が無駄になってしまうパターンです。

運用途中での方向転換は難しいことを理解し、最初にある程度商材の目星をつけておきましょう。

POINT

最初に商材を決め、どうすれば売れるか？ を逆算してアカウントを作る

稼げるアカウントを作る初期設計の6ステップ

STEP 1 自己分析をする

この後に続くアカウントジャンルやターゲットの設計、差別化を行ううえで**自己分析は重要なステップ**です。

インフルエンサーが多い今の時代は「何を言うか」よりも「誰が言うか」が重視されます。

例えばテレビのワイドショーやニュース番組は、出演者を専門家だけで固めたほうが情報は濃くなりますが、一般の人からの注目度の高い芸人さんや俳優さんもコメンテーターとして出演しています。

僕はYouTubeで「SNSを学びたい人」に対して「SNS運用のノウハウ」という情報を発信していますが、SNS運用会社の経営やインフルエンサー育成の実績があるからこそ数万人ものユーザーがチャンネル登録をしてくれているわけです。

つまり、Instagramでも「自分が何者で、何の情報であれば、情報を届けたい相手に聞き入れてもらいやすいか？」を考える必要があります。

初期設計ではまず**自己分析を行い、「自分が何者か」を明確に**してください。

章末に掲載している自己分析シートを活用して自分の個性を出来るだけ多く洗い出したら、次はその中からInstagramの運用で活かせそうな要素をピックアップしていきます。

ピックアップした要素は後述するジャンル選定やアカウントの絞り込み、第2章のプロフィール作成の段階で活用できるため、この時点でメモしておくとスムーズです。

また、自己分析で書き出した自分の個性のうち、Instagramの運用に活用できるのは特技や長所などの「ポジティブ個性」だけではありません。

自分では短所やコンプレックスだと感じている「ネガティブ個性」は、アカウントの希少性を高めてくれます。

多くのユーザーに共通して当てはまる要素ほど伸びやすいです。

アカウントの希少価値を高める「ネガティブ個性」は主に右図の5パターンに分類されるので参考にしてください。

POINT

自己分析をもとにアカウントのジャンルや発信内容を決めていく

分類	個性	コンテンツの例
容姿	ブサイク、肌が汚い、整形している、老けて見える、(容姿が劣っていることから派生して)モテない、彼氏・彼女いない歴が長い	・ブサイクが100日後に彼女を作る ・ニキビ改善のビフォーアフター ・韓国整形コンサル ・垢抜け方法アカウント ・ブサイクがあえて美女に正論を言う
体型	太っている(太っていた)、筋肉がない、おじさん・おばさん体型 ※「短足」「頭がでかい」など生まれもった体型は変えられないため、コンテンツとしては使いにくい。	・100日後に結婚を控えた○○ ・産後ダイエットビフォーアフター ・部分特化ダイエット(くびれ、下半身、鎖骨など) ・太らないヘルシーレシピ ・50歳165cm48kgを作る毎日
特性	HSP、ADHD、アルビノ	・HSPあるある ・ADHDの日常 ・繊細さんの克服方法 ・権威性ベースの悩み解決 ・診断系
人間関係	カップル・夫婦仲が悪い、離婚している、ブラック企業(会社、プライベート、結婚・恋愛での人間関係)	・バツ1のひとり暮らし ・100日後に結婚するカップル ・パワハラ上司の対処法 ・心理学ベースのお悩み解決 ・主婦が旦那にムカつくこと
孤独	独身、ひとり暮らし、友達がいない、職場で孤立、(孤独な人の暮らしや理由まで掘り下げて)汚部屋、借金、ホスト依存	・アラサー独身男の日常 ・ソロキャンプVLOG ・毎日便所メシを食う男 ・ぼっち居酒屋おすすめ○選

※ネガティブ個性は、自分自身が短所やコンプレックスを感じているものであり、実際にマイナスの個性というわけではありません(成功アカウントの事例をもとに作成)。

STEP 2-1 参入ジャンルを決める

STEP1で出した自分の特徴をもとにアカウントのジャンルを決定します。Instagramにおける主なジャンルは以下の通りです。

大ジャンル	中ジャンル
暮らし	掃除／収納／節約／お金／不動産／お部屋づくり・インテリア
美容	スキンケア／インナービューティ／コスメ／ダイエット／エステ／美容室
ファッション	コーディネート／アクセサリー
飲食	料理／レシピ
スポット紹介	遊び場／飲食店／旅行／ホテル・旅館
ビジネス	仕事術／転職／金融系／雑学／ノウハウ／ツール（エクセルなど）
スキル	イラスト／デザイン／写真／ハンドメイド／占い／スマホ便利技
商品紹介	ガジェット／本・マンガ／映画／自動車
スポーツ	スポーツノウハウ／筋トレ
生活	恋愛／子育て／ペット

成果がなかなか出なくても**最低3ヶ月～1年程度は継続して運用を頑張れるように、「好き・興味がある」「他の人より詳しい」「他の人より得意」のいずれかのジャンルを選ぶ**ことをおすすめします。

POINT

継続して運用できそうなジャンルを選ぶ

STEP 2 - 2 商材を選ぶ - アフィリエイトの場合 -

アフィリエイトで稼ぎたい場合、ジャンル選びと同時にアフィリエイト商材をASP※上で選びます。

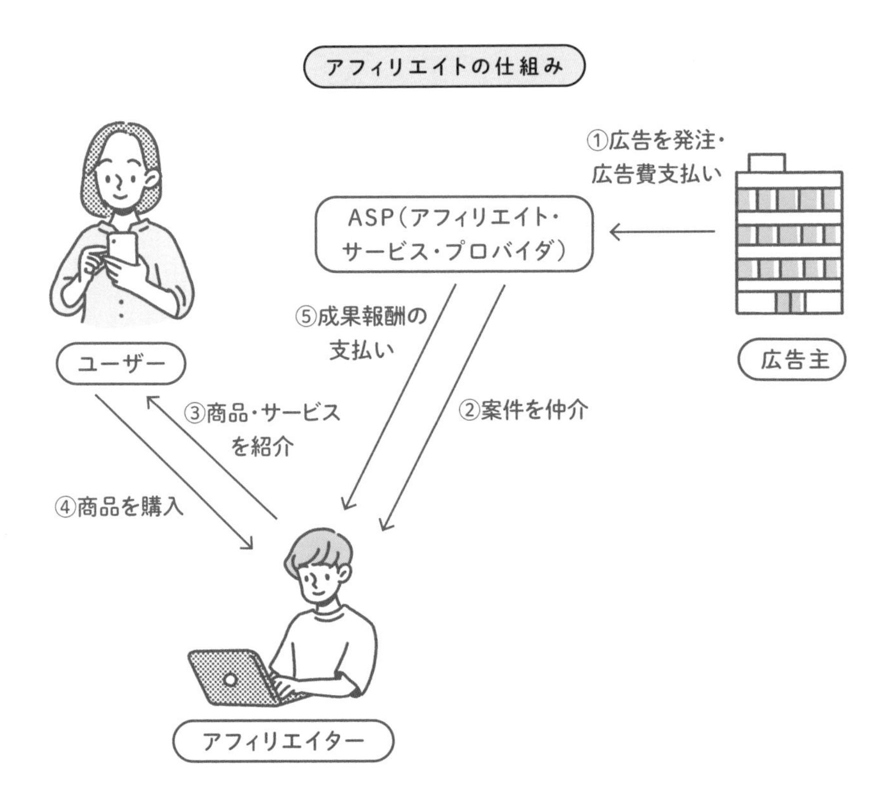

「商品ジャンル」「成果条件」「成果報酬」を加味し、**自分のアカウントと親和性の高そうな商材**を探し、紹介したい商材がなければジャンルを選び直す……を繰り返し、商材選びとジャンル選定を同時進行します。

※ASPとは……商品・サービスを販売したい企業(広告主)とアフィリエイターを繋ぐサービスのこと。各ASPは多くの企業と契約し、無数の商品・サービスを掲載しています。

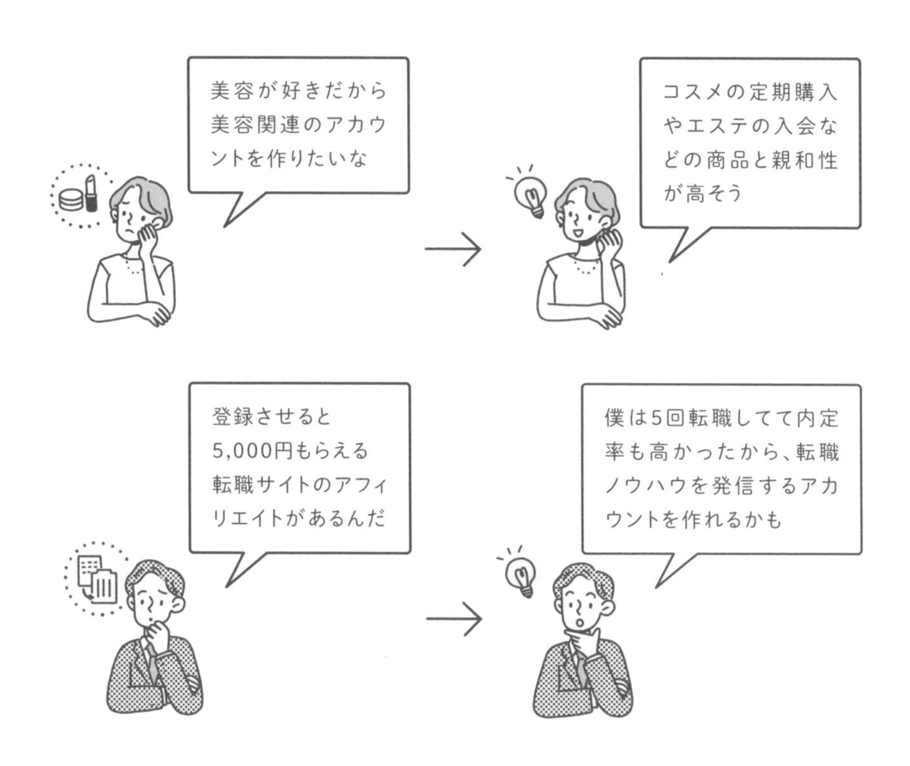

「好き・興味があるジャンル」「他の人より詳しいジャンル」「他の人より得意なジャンル」が特にない方は、ASP 上で商材を順番に見ていき、STEP1 で洗い出した自分の要素やジャンルに関連づけるという逆の手順でも構いません。

実際にアフィリエイトを開始する時期はアカウントの成長後なので、**この段階では取り扱う商材の方向性をざっくりと決めておく**イメージです。

主要なASP

ASP	URL	特徴
A8.net	https://www.a8.net/	案件数・知名度ナンバーワンのASP。全ジャンルの商材が掲載されており、広告主は2万社以上。
afb（旧アフィリエイトB）	https://www.afi-b.com/	大手ASPと比べて案件数は少ないが、管理画面の使いやすさや報酬の受け取りやすさが人気。美容系や健康系の商材が多い。
もしもアフィリエイト	https://af.moshimo.com/	初心者へのサポートが手厚い。振込手数料無料やボーナス制度も魅力。物販系や求人系の商材が多い。
felmat（フェルマ）	https://www.felmat.net/	招待制のクローズドASP。担当者による丁寧なサポートが魅力。美容系、健康系、転職系の商材が多い。
楽天アフィリエイト	https://affiliate.rakuten.co.jp/	楽天市場をはじめとする楽天関連サービスで取り扱いのある商品が掲載されている。紹介した商品以外の商品が購入された場合でも報酬が発生する。
Amazonアソシエイト	https://affiliate.amazon.co.jp/	Amazon関連サービスで取り扱いのある商品が掲載されている。食品、日用品、書籍、動画配信サービスなど1億以上の商品ラインナップがある。
バリューコマース	https://www.valuecommerce.ne.jp/	他のASPにはない独自の案件が豊富。Yahoo!ショッピングで取り扱いのある商品などEC系の商材が多い。
アクセストレード	https://www.accesstrade.ne.jp/	ビジネス系や求人系の商材が多い。大手ASPでは取り扱いの少ないジャンルを補える。振込手数料無料やランクアップ制度が魅力。

商材の例

ASPに掲載されている商材の種類はさまざまです。
成果報酬額はASPや商材によって大きく異なります。

商品・サービス	成果条件	成果報酬額の目安
一般的な転職サイト	会員登録	1,000〜6,000円
専門職の転職サイト（看護師など）	会員登録	20,000円〜
証券会社・金融商品	新規口座開設	500〜1,000円
	入金	30,000円
健康食品	商品購入	500〜5,000円
美容クリニック	カウンセリング	10,000〜15,000円
マッチングアプリ	新規会員登録	1,000〜5,000円
	アプリのダウンロード・ログイン	10,000円
パーソナルジム	入会	20,000円
インテリアのECサイト	商品購入	購入金額の10%

商材を選ぶポイント

アフィリエイト商材は基本的に、**成果条件（報酬が発生する地点）の難易度と成果報酬が比例**します。

「成果条件の難易度が低い×低単価の商材」または「成果条件の難易度が高い×高単価の商材」が多いです。

❶成果条件の難易度が低い商材

成果報酬が発生する条件としては商品購入、会員登録、資料請求、来店などが挙げられます。

商品購入はユーザーにとって最もハードルが高いため、**お金を支払わなくても実行できるアクションが成果条件に設定されている商材のほうがアフィリエイトを始めやすい**でしょう。

「成果条件はユーザーが無料で行えるアクションだが、その先に高単価の商品・サービスがある」商材は成果報酬が高い傾向にあるのでおすすめです。

例

無料適職診断	車の無料査定
▼	▼
転職サイト	車の買取

❷悩み・コンプレックスに関連した商材

多くの人が抱えている悩みやコンプレックスを解決する商材は高単価になりやすいです。

人間の代表的な悩みは**右図の４種類に分類されると言われており、「Health：健康・美容、Ambition：夢・将来、Relation：人間関係・恋愛、Money：お金」からそれぞれの頭文字をとって「HARM」と呼ばれています**。

また、「HARM」が具体的にどのような悩みを指すかは世代ごとに異なります。

「HARM」を意識し、自分のアカウントのターゲットに合う商材を探しましょう。

意味	20代の場合	30代の場合
H Health：健康・美容	容姿	体型維持、出産
A Ambition：夢・将来	就職活動、キャリア	キャリアアップ、転職
R Relation：人間関係・恋愛	恋愛や結婚、職場での人間関係	結婚生活
M Money：お金	昇給、月給、ボーナス	自己投資、結婚資金

悩み・コンプレックスを軸に商材を選ぶ場合は**「かつて自分自身がその悩み・コンプレックスを抱えていて今は解消された」という経験＝商材を紹介する根拠があり、かつそれを証明する写真・動画などがある**と説得力が増してマネタイズしやすくなります。

例えば、右のダイエットを記録したBefore→Afterなどがわかりやすいです。

ダイエット歴

Before → After

2020年11月 61kg		2021年10月 49kg(-12kg)
28.5cm	腕	25cm(-3.5)
84cm	ウエスト	60cm（-24）
101cm	ヒップ	86cm（-15）
58.5cm	太もも	49cm（-9.5）
38.5cm	ふくらはぎ	32cm（-6.5）

@ matsui_diet

POINT

成果条件の難易度と成果報酬のバランス、HARMを意識して商材を選ぶ

STEP 2-3 商品を決める
- スキル販売・コンテンツ販売の場合 -

スキル販売やコンテンツ販売で稼ぎたい場合、自分が運用したいアカウントのジャンルを決めると同時に販売したい商品を決めます。

ジャンル	商品の例
イラスト	イラストの描き方講座
デザイン	Canva のデザインテンプレート
ハンドメイド	手作りアクセサリー
写真	写真の撮り方講座
スポーツ	ゴルフの個別指導
占い	オンライン占い
恋愛	マッチングアプリ・ナンパ攻略

自分が参戦したいジャンルでどのような商品を作るべきか分からない場合は、**競合アカウントのプロフィール URL やハイライトの誘導リンクを確認**してみましょう。

リンク先のホームページや EC サイト、LINE アカウントなどを見れば、**何をどのくらいの価格で販売しているか**が分かります。

アフィリエイト同様、実際に販売を開始する時期はアカウントの成長後なので、この段階では商品の方向性をざっくりと決めておきます。

POINT

競合アカウントを参考に、販売したい商品の種類や価格をざっくり考える

▶ STEP 3 ジャンルをさらに絞り込む

STEP2-1で決めた参入ジャンルを、STEP2-2、2-3で決めた商材・商品に合わせてさらに絞り込んでいきます。

2014年に日本でリリースされたInstagramは、2019年6月には日本国内の月間アクティブユーザー数が3,300万人を超えました。

アカウントが飽和状態になっているため、**専門性のないアカウントだと昔から運用されている大手のアカウントには勝てません**。

アカウント初期の段階では発見タブに掲載される可能性が低いため、フォロワー外のユーザーに見つけてもらうためには、まず特定のハッシュタグで上位に表示される必要があります。

ジャンルの範囲が広いとハッシュタグの投稿数が多くなる＝ライバルが多くなるため、**ジャンルを絞って投稿数の少ないハッシュタグを付け、ライバルの少ない戦場で戦って勝つ**ことを目指しましょう。

また、一定のジャンルに関する投稿をし続け、一貫性のあるハッシュタグをつけ続けることで、**Instagramやユーザーに対して「何に特化した誰のためのアカウントか」を認識させる**ことができます。

反対に、ジャンルを絞り切らずにアカウントをスタートさせると投稿内容が分散し、アカウントの立ち位置が不明瞭になってしまい、成長を見込めません。

ゆえに、**最初のうちはジャンルを絞った特化アカウントを作る**必要があります。

「自分のアカウントから商品を購入してもらうためには、どのようなフォロワーを集める必要がある？」

↓

「そのフォロワーを集めるためには、どのような投稿をする？」

↓

「その投稿を見たユーザーは、どのようなアカウントならフォローしてくれる？」

と逆算して設計しましょう。

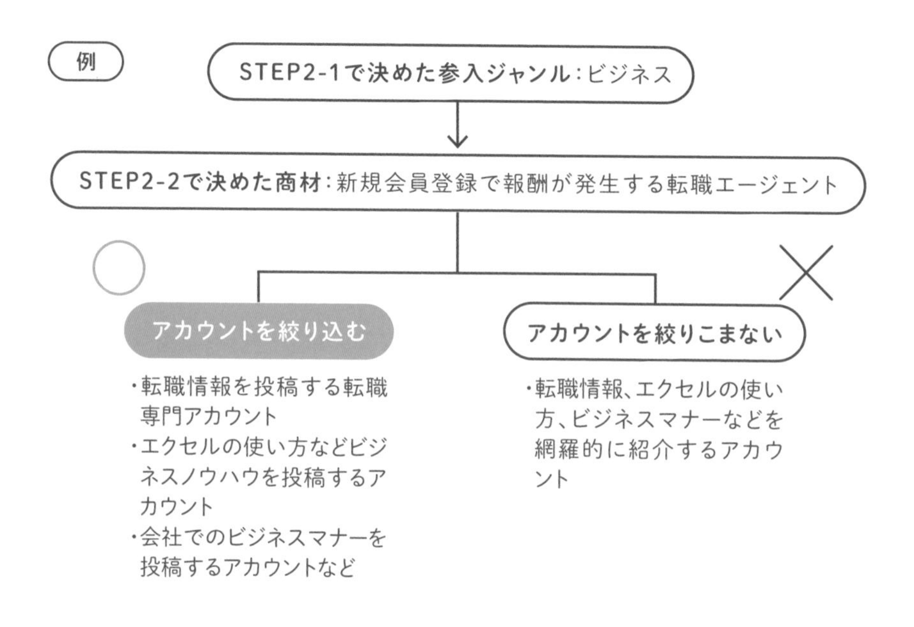

POINT

網羅性より専門性を意識したジャンル特化アカウントを作る

STEP 4 同ジャンルの競合を分析する

STEP3 でアカウントの具体的なジャンルが確定したら、自分がこれから戦う相手＝**同じジャンルにいる競合アカウントを 30 個程度ピックアップ**します。自分と同じジャンルに既にあるアカウント、フォロワーの規模感、投稿内容などを把握しておく必要があるためです。

競合アカウントの探し方① ハッシュタグをたどる

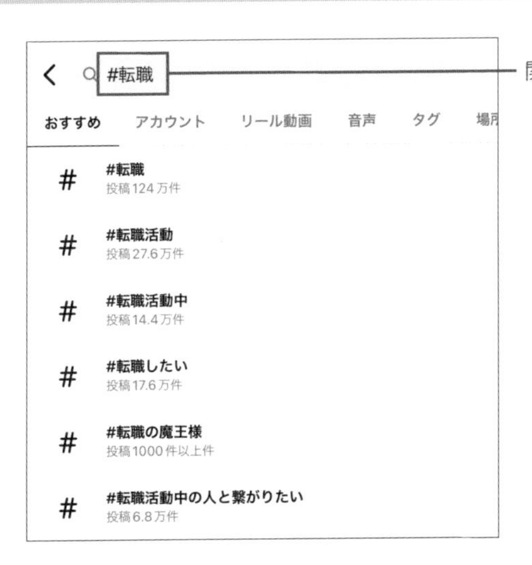

関連するハッシュタグを検索

転職ジャンルのアカウントなら「# 転職」「# 転職準備」など、自分のアカウントのジャンルに関連するハッシュタグを検索し、上位表示されている人気投稿を見ます。その人気投稿で使用されている別のハッシュタグ（「# 仕事探し」「# 未経験転職」「# キャリア迷子」など）を見て、さらに人気投稿を探します。

これを繰り返してハッシュタグをたどっていくと、自分が思いつかないキーワードのハッシュタグを付けている人気投稿・人気アカウントに出会えます。

競合アカウントの探し方② 関連アカウントを見る

探し方①で見つけた競合アカウントのプロフィール画面を開き、フォローボタンの右側にある「+👤」→「すべて見る」をタップすると、そのアカウントに類似した別のアカウントが一覧表示されます。

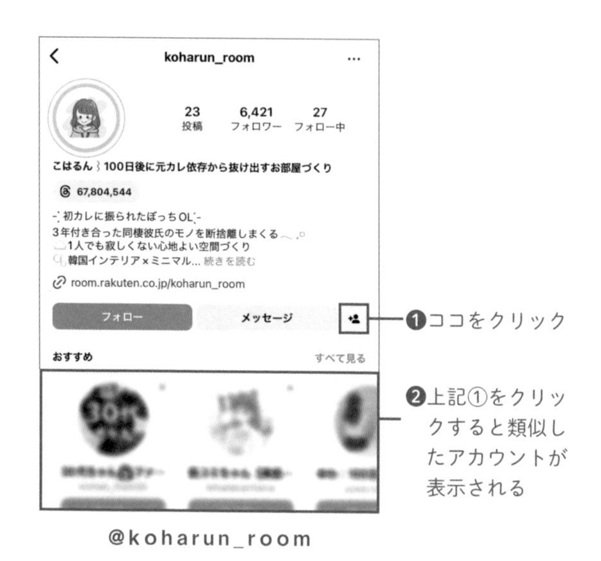

@koharun_room

競合アカウントの探し方③ フォロー一覧を見る

競合アカウントは同じジャンルのアカウントをフォローしている可能性が高いため、プロフィール画面の「フォロー中」から探します。

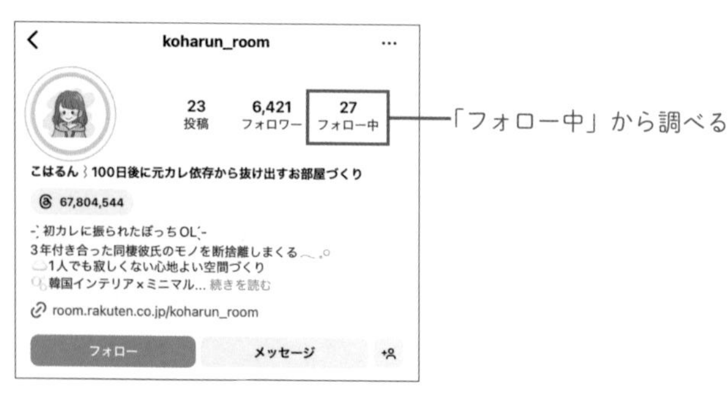

@koharun_room

先ほどの方法で30個程度競合アカウントをピックアップできたら、**最終的に10個選んで下記3パターンに分類**していきます。

①感覚的に「いいな」と感じるアカウント
②フォロワー5万人以下、いいね率がフォロワー数に対して10%以上のアカウント
③投稿数が100前後、フォロワー1万人以上※のアカウント

このときのポイントは、フォロワーが1～5万人程度のアカウントを選ぶこと。フォロワー数が数十万人など規模の大きなアカウントだと、アカウントのステージが違いすぎて（現状とかけ離れすぎていて）分析・比較がしにくいからです。

例えば、パン屋を開業するときに大手製パン会社ではなく、近隣で人気のパン屋をベンチマーキングするのと同じ感覚です。

このステップで探し出した競合アカウントは、今後のアカウント運用のさまざまなシーンで参考にできます。

競合アカウントで参考にする項目

●プロフィールの内容	●リール
●アイコン画像	●キャプション
●投稿案	●ハッシュタグ
●テーマ	●ストーリーズ
●投稿のデザイン	●ハイライト

※約3ヶ月間毎日投稿してフォロワー1万人を達成したアカウント。一般的に「伸びた」と言われる基準

競合アカウントの優れた要素を分析・比較し、自分のアカウントで改善すべき点を見出しましょう。
また、下記サイトも競合分析に使用できるので参考にしてください。

競合分析に使えるツール一覧

ツール名	URL	特徴
NoxInfluencer	https://jp.noxinfluencer.com/	InstagramやYouTube、TikTokの競合アカウントを分析できるサイト。 各投稿のエンゲージメント率やフォロワーの増加ペースなど多くのデータを取得できる。
SocialiQ	https://bit.ly/41Qfudt （本書では短縮URLを記載）	Google Chromeの拡張機能（アドオン）のひとつ。指定したアカウントの平均エンゲージメント率、各数値の平均、よく使われるハッシュタグなどを確認できる。 （いいね数非表示アカウントのいいね数を除く）
さてはフォロワー買いました？	https://item.woomy.me/analysis/	フォロワー購入疑惑（偽アカウントによるフォロー）をチェックできるサービス。フォロワー増加数や増加率も確認できる。 （表示されないアカウントもある）

※上記のツールはInstagramのAPI変更等により閉鎖される場合があります。サービス終了となった場合、類似ツールをお探しください。

POINT

同じジャンルにいる競合アカウントをピックアップして分類し、アカウント運用の参考にする

STEP 5 アカウントを差別化する

STEP3でジャンルの絞り込みを行いましたが、このステップではさらに**付加価値を付けてアカウントを差別化**します。

差別化ができていない状態＝同じジャンル内に代わりのアカウントがいる状態なので、競合アカウントに負けてフォロワーが増えづらく、フォロワーのファン化も難しいです。

とはいえ、さらにジャンルを絞り込んでしまうと、競合の数は減りますが興味を持ってくれるユーザーも減るためNG。

「この人の投稿だからこそ見たい」と思ってもらうために、**①自分の個性②投稿内容③デザインの3つを掛け合わせて差別化を図り、競合を減らす**必要があります。

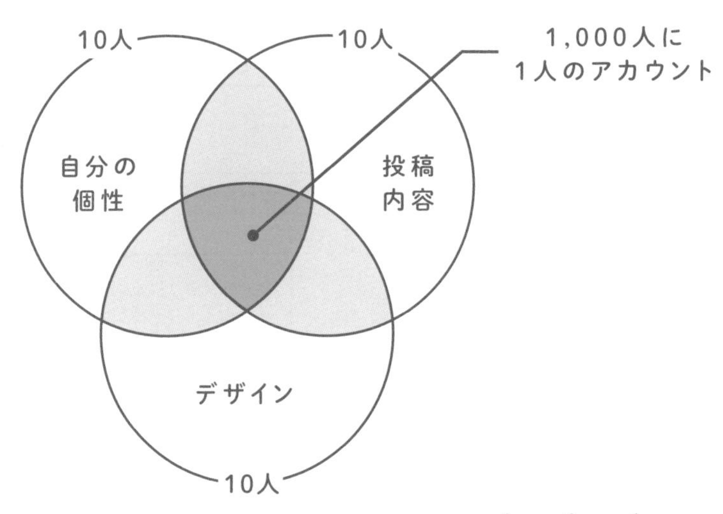

三分野で10人に1人の個性を獲得すれば、$\frac{1}{10}\times\frac{1}{10}\times\frac{1}{10}$で、1,000人に1人のアカウントになる

❶自分の個性で差別化する方法

STEP1の自己分析で書き出した自分の個性の中から、**ジャンルと掛け合わせることで差別化できそうな個性をピックアップ**します。

差別化するための考え方

ジャンル　料理
自分の個性　イケメン

→世間一般ではイケメンの部類じゃないけど、料理家の中ではイケメンだから目立てる!

※「イケメン」「美女」はメインジャンルに設定したくなりますが、母数が多く、競合アカウントが強いです。あえてサブ的に使うことで、メインジャンルの中で差別化されたアカウントになります。

ジャンル　スマホ便利技
自分の個性　女性

→ Instagramでスマホ便利技を紹介しているアカウントはほとんどが男性。女性らしいデザインやナレーションで目立てる!

自分の個性で差別化に成功した事例

ジャンル　節約
自分の個性　HSP

なちさん

節約×HSPだと20万フォロワーの大手アカウントが1つ、あとは1,000〜2,000フォロワーのアカウントが3つしかないな。需要はあるけどライバルが弱いのかも!

→HSPだからこその“頑張りすぎない”節約方法や働き方を紹介するアカウントが完成

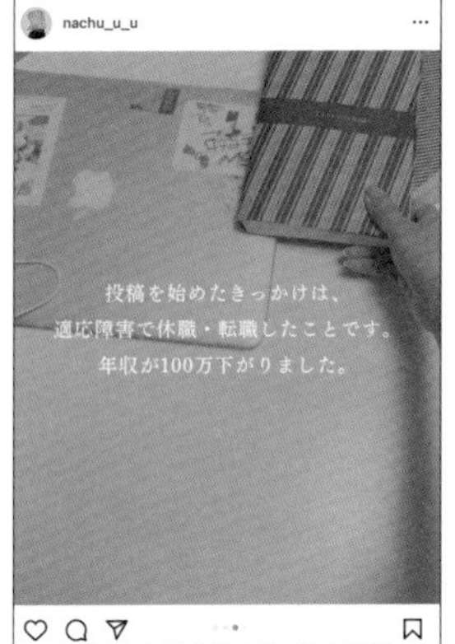

@nachu_u_u

❷投稿内容で差別化する方法

競合アカウントで伸びている投稿のテーマを参考に、自己流のアレンジを加えて別の角度から投稿を作成します。

参照 フィードの企画の立て方について ▶ P.111

❸デザインで差別化する方法

競合アカウントや別のジャンルのアカウントの中から、①レイアウトの参考②配色の参考③フォントの参考をそれぞれ探し、組み合わせて差別化します。

参照 デザイン作成のポイントについて ▶ P.131

POINT

①自分の個性②投稿内容③デザインで差別化して
"代わりのアカウント"がいない状態を作る

▶ STEP 6 ペルソナを設計する

ユーザーが投稿やアカウントにアクションを起こすのは、何かしらの感情が動いたときです。

ユーザーが無関心な状態だと何のアクションももらえず、エンゲージメントを獲得できません。

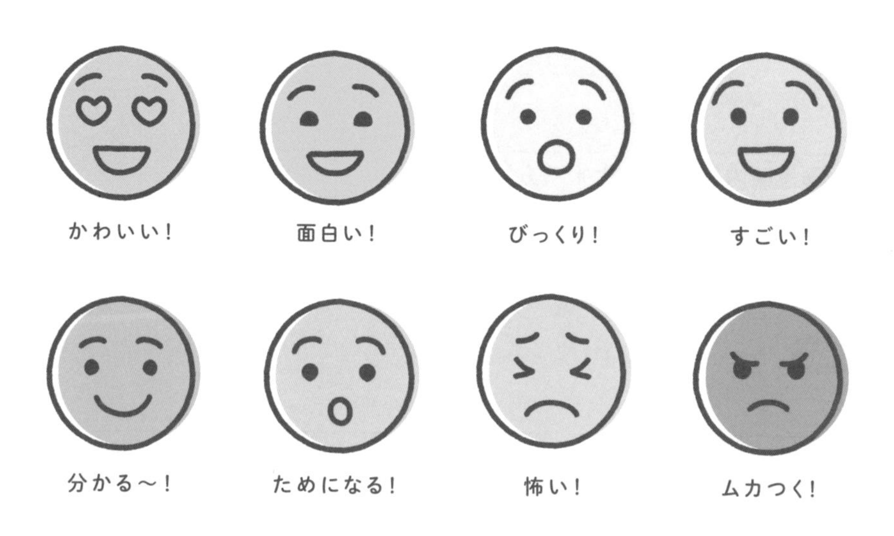

序章でお伝えしたとおり、Instagramでは0.1秒でも長くユーザーを足止めできるアカウントが優遇されます。

ユーザーの感情を揺さぶることができれば、いいねやコメントなどのアクションを促すことができ、ユーザーの滞在時間を延ばせるということです。

右図の通り、ユーザーのアクションと感情は密接に結びついています。

ユーザーのアクション	ユーザーの感情
いいね	「いつも見てるから頑張れ！」 「投稿見たよ！」
コメント	「面白かった！」 「その意見には反対！」
保存	「いつでも見返せるようにしたい」 「あとでじっくり見よう」
シェア	「面白かったから友達に教えてあげよう」 「もっと伸びてほしいから拡散して応援したい」

「誰が、どんなときに見て、どのような感情になるのか？」を明確にしておかないと、誰にも届かないアカウントになってしまいます。

ペルソナ設計を行い、ユーザーを具体的にイメージしたうえで、ペルソナに合わせたアカウント運用や投稿作りを行いましょう。

例

ジャンル：ビジネス

発信内容：フリーランスデザイナーの暮らし

最終目標：フリーランスを支援するオンラインサロンの運営

Instagramのペルソナ設計で決める項目	例
性別	女性
年齢	27歳
居住地	大阪府
職業	フリーランス（デザイナー）
年収	300万円
家族構成	一人暮らし
性格	面倒くさがり、新しいもの好き
趣味・興味関心	Instagramで情報収集、デザイン
抱えている悩みや課題	フリーランスに成り立てで、仕事の取り方やお金の管理方法が分からない

左のようなペルソナを設定した場合、次のような投稿内容が考えられます。

○	●フリーランス1年目の最高月収を公開 ●知らないとやばい！ フリーランス新保護法	
×	●収入が上がる！ 転職のポイント5選 ●新卒1年目が知っておくべき処世術	ペルソナに一致していない！

このように投稿内容はもちろん、プロフィール文章やアイコン画像の選び方まで、ペルソナ設計に従ってアカウントを作っていくことが大切です。

POINT

ペルソナ＝自分の投稿を見るユーザー像を明確にし、その人に刺さるアカウント・投稿を作る

自己分析シート ※直接書き込みたくない人は、P318の読者特典をチェック！

STEP	目的	番号	質問内容
STEP1	目標設定	①	インスタグラムでの具体的な目標はなんですか？
		②	その目標はどれくらいの期間で達成したいですか？
		③	なぜその目標を達成したいですか？
		④	目標達成のためにどんな戦略やプランを立てますか？
		⑤	目標達成を阻む障害や問題はなんですか？
STEP2	自己分析	⑥	子供の頃得意だったことはなんですか？
		⑦	今一番人よりも知識を持っていることはなんですか？
		⑧	他人よりも上手にできることはなんですか？
		⑨	苦手なことはなんですか？
		⑩	どんな作業なら時間を忘れて夢中になれますか？
STEP3	興味・関心	⑪	あなたが一番影響を受けた人物は誰ですか？
		⑫	その人のどんなところに影響を受けましたか？
		⑬	一番尊敬できる人はどんな人ですか？
		⑭	あなたが好きなもの（こと）はなんですか？
		⑮	あなたが嫌いなもの（こと）はなんですか？
STEP4	独自性	⑯	あなただけが持っているストーリーや経験はなんですか？（武勇伝）
		⑰	それを経験した時、どう感じましたか？
		⑱	あなたの独自の視点や価値観はなんですか？
		⑲	どのようなスタイルやテイストが自分らしいと感じますか？
		⑳	個性をアピールするためにどのような手法を使いたいですか？
STEP5	挑戦	㉑	どんなジャンルのアカウントに挑戦してみたいですか？
		㉒	挑戦したい理由はなんですか？
		㉓	自分が未経験の分野で挑戦してみたいことはなんですか？
		㉔	どんなターゲット層に自分をアプローチしてみたいですか？
		㉕	SNSでフォローしているのはどんなジャンルのアカウントですか？
STEP6	客観視	㉖	周りの人はあなたをどんな性格だと思っていますか？
		㉗	周りの人はあなたが何を得意だと思っていますか？
		㉘	周りの人はあなたが何を苦手だと思っていますか？
		㉙	周りの人から褒められた時、それはどんな内容でしたか？
		㉚	周りの人から注意された時、それはどんな内容でしたか？
STEP7	現実	㉛	あなたの仕事はなんですか？
		㉜	その仕事でどんなスキルを獲得しましたか？
		㉝	どんな家庭環境で生活していますか？
		㉞	趣味はなんですか？
		㉟	休日は何をして過ごしていますか？
STEP8	学びと成長	㊱	どんな知識や情報を得たいと思いますか？
		㊲	どのようなアカウントにインスピレーションを受けますか？
		㊳	自分にインスピレーションを与える要素はなんですか？
		㊴	他人に「もっとこうすればいいのに」と思うのはどんな時ですか？
		㊵	やりたいけど、まだやっていないことはどんなことですか？

	記入欄

初期設計のチェックリスト

- [ ] 自己分析をして、Instagram運用で活かせる要素を書き出す
- [ ] 「好き・興味がある」「他の人より詳しい」「他の人より得意」のいずれかに当てはまるジャンルを選ぶ
- [ ] （アフィリエイトの場合）商品ジャンル・成果条件の難易度・成果報酬およびHARMを意識して商材を選ぶ
- [ ] （スキル販売・コンテンツ販売の場合）参入ジャンルに合った商品の種類や価格を考える
- [ ] 商品に合わせてアカウントのジャンル（発信内容）をさらに絞り込む
- [ ] 同じジャンルに存在する競合アカウントを30個探す
- [ ] 30個の競合アカウントから、好みのアカウントや成果が出ているアカウントを10個ピックアップする
- [ ] 「自分の個性」「投稿内容」「デザイン」で差別化し、代わりのいないアカウントを作る
- [ ] ユーザーの感情を具体的にイメージできるようにペルソナを設計する
- [ ] 設計したペルソナに該当するユーザーが一定数いることを確認する
- [ ] 「自分は何者で」「どのようなアカウントで」「どのようなユーザーに」「どのような価値を提供していて」「競合アカウントに比べてどのようなメリットがあるのか」を明確にする

※直接書き込みたくない人は、P318の読者特典をチェック！

2

第2章

売れるプロフィール・
売れないプロフィール

プロフィールは運命を分ける最後の関門

ユーザーのほとんどはアカウントを「フォローするかどうか」を決めるときにプロフィールを確認します。

たとえ良い投稿を作ってエンゲージメント数やプロフィールアクセス数を増やせたとしても、プロフィールが穴だらけだとフォローにはつながりません。

プロフィールはフォロワー、つまり**あなたを稼がせてくれる未来のお客様を集められるかどうか**の最後の関門になる重要項目です。

投稿を始める前に、**フォロワー転換率の高いプロフィール**を作り込んでおきましょう。

フォロワー転換率とは、プロフィールにアクセスしたユーザーの中で新たにフォローを行ったユーザーの割合です。

フォロワー転換率を高めるためには、プロフィールや全体の投稿内容を、そのユーザーが**プロフィールにアクセスする前に見た投稿と整合性のとれた状態**にしておく必要があります。

POINT

投稿と整合性のとれたプロフィールがフォローの絶対条件

フォローに至るまでのユーザーの動き

ユーザーがどこからプロフィールにやってきてフォローに至るのか、あるいは離脱してしまうのかを知り、「フォローしたくなる心理」を理解したうえでプロフィールを作りましょう。

フォローを判断する際のユーザーの動き

ユーザーは、実際にはプロフィールを隅々までじっくり見ているわけではなく、プロフィール全体をざっと見てアカウントの世界観や雰囲気を読み取っています。

アカウントの世界観や雰囲気を作り出すプロフィールの構成要素は次の10個です。これらすべてが整合性のある作りになっている必要があります。

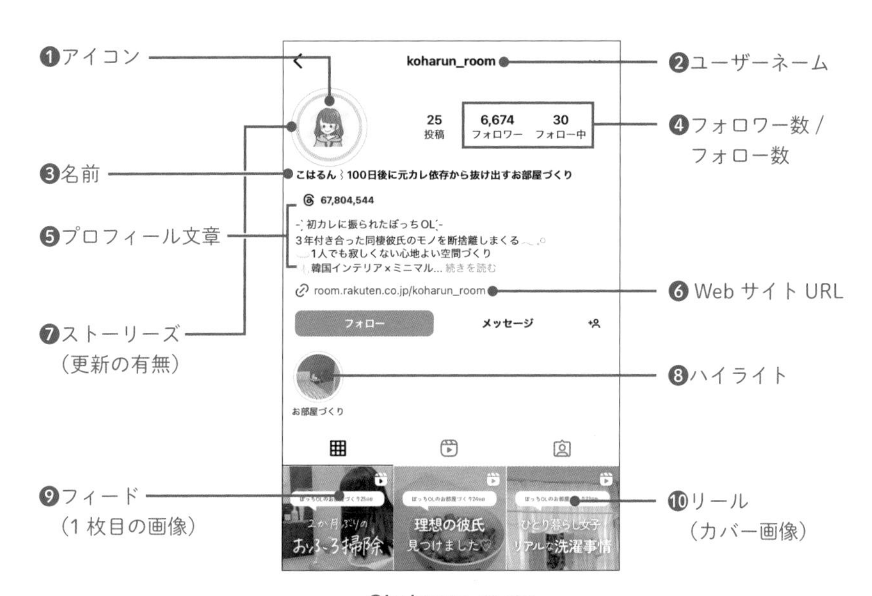

@koharun_room

POINT

プロフィール10項目のうち1つでも欠けているとフォローされない

売れるプロフィールを作る10のポイント

POINT ① アイコン

ユーザーが投稿を見た後にプロフィールへ移動する際、最初に目にするのがアイコン（プロフィール画像）です。

プライベートアカウントであれば自分の気に入った写真を設定すればいいですが、稼ぐアカウントを作るためには**アカウントのテーマに沿った画像**を設定する必要があります。

通知欄（「◯◯さんがいいね！ しました」などと表示される場所）を見たとき、何となく気になるアイコンとそうでないアイコンがありませんか？

アイコンは「プロフィールを見に行きたいか」「フォローしたいか」を左右する重要な要素です。

アイコンを選ぶポイント① アカウントのテーマと一致している

「暮らし系アカウントなら穏やかなライフスタイルを感じさせる写真」「グルメアカウントなら食べ物や食事風景の写真」など、アカウントのテーマ・ジャンルごとに適したアイコンを設定します。

同じジャンルで人気の競合アカウントを見ると、アイコンの色味や構図に共通点があることが分かるはずです。

初心者は**競合アカウントのアイコンを参考に写真撮影や画像選定**を行いましょう。

アイコンを選ぶポイント② 視認性が高い

投稿画面や検索画面に表示されるアイコンのサイズは、スマホで見ると直径1cmにも満たない小ささです。

小さく表示されても何が写っているか分かる画像、アイコンに文字入れをしている場合は**文字が読める視認性の高い画像**を用意しましょう。

アイコンを選ぶポイント③ 覚えてもらいやすい

アカウントは名前よりもアイコンで覚えられることが多いです。

一度はフォローされずに離脱されたとしても、アイコンが印象的であれば「この人の投稿、前にも見たな」と再び興味を持ってもらえる可能性が高まります。

イラストを使用した画像や色が統一されている画像など、目に留まるアイコンを設定しましょう。

オリジナルのイラストなら写真よりも表現の自由度が高く、印象をコントロールしやすいです。

ただし、フリーイラストだと誰でも使用できるぶん類似アカウントが散見されます。没個性化してしまい、またアカウントの信頼度が下がる場合もあるためご注意ください。

また、色が与えるイメージも重要です。

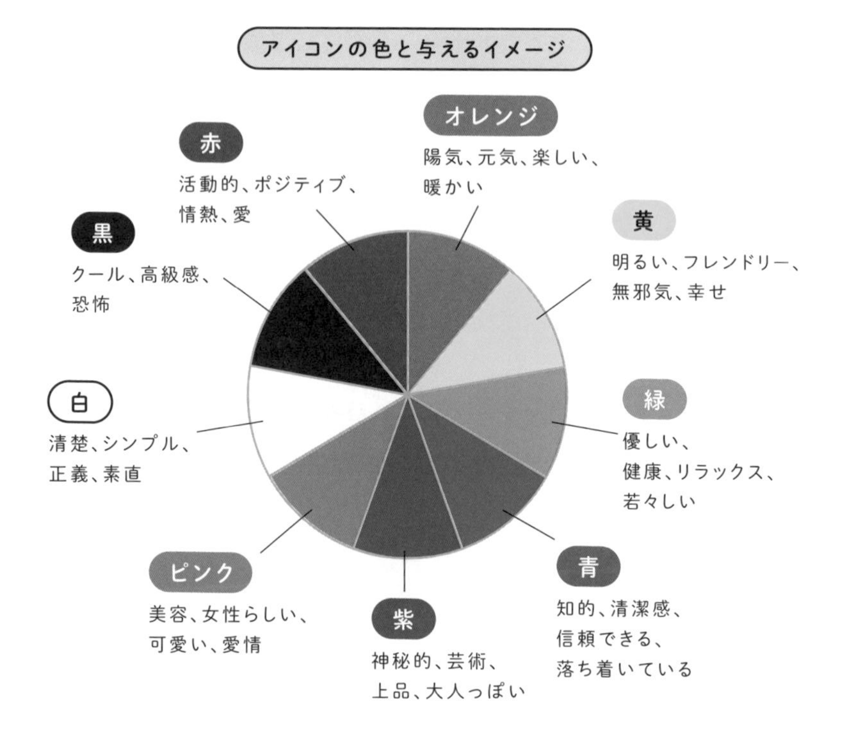

実際、企業も上記のような色のイメージを活用しています。

コーポレートカラーには赤や青、リラクゼーションサロンには緑、女性向け商品にはピンクが多い理由は、このような色のイメージが関係しています。

POINT

アイコンは、ユーザーがプロフィールアクセスやフォローを判断する際の"アカウントの顔"

POINT 2 ユーザーネーム

koharun_room ···

ユーザーネームとは、英語・数字・記号（ピリオド「.」とアンダーバー「_」のみ）で構成され、アカウントの識別に用いられるInstagram上のIDです。

プロフィールやフィード投稿の上部、タグ付けされた画面、キャプションの先頭などに表示されます。
ユーザーネームの前に「@」を付けると投稿のキャプションやストーリーズ、プロフィール文章でメンション※ができます。

ユーザーネームはURLと同様に、**短くて視認性の高い文字列**がベスト。「kana_room」のように、**名前とジャンルを組み合わせたシンプルな構成**にすると覚えてもらいやすいです。

ただし、すでに他のアカウントで使用されているユーザーネームは設定できないため、ジャンル部分の表記を変えるなどの工夫が必要になります。

このとき、「kana___room」のように**「_（アンダーバー）」を増やすのはおすすめしません。**
アンダーバーが何個連なっているのかが分かりにくく、ユーザーがユーザーネームを打ち込んでアカウントを検索する際に不便だからです。

※メンションとは……アカウントを紐づけて、プロフィール画面へ遷移できるようにすること

ユーザーネームが使用できないときの工夫例

レシピ全般を紹介するアカウントの場合 kana_gourmet
オーガニックレシピの場合 kana_organic
ヘルシー系レシピの場合 kana_natural

POINT
ユーザーネームは覚えやすく、検索しやすい文字列で構成する

POINT ③ 名前

こはるん⌇100日後に元カレ依存から抜け出すお部屋づくり

名前を決める際は、視認性の高さを意識してひらがな・カタカナ・漢字を組み合わせます。

漢字の連続使用や英語・ローマ字表記など読みにくい名前はNGです。
名前に設定できる文字数は64文字以内となっていますが、プロフィール画面で改行されず1行で表示され、かつ読みやすいように、**長くても20文字以内**に収めましょう。

また、1秒でどんなアカウントかイメージできるように名付ける必要があります。
「かな｜余白を生かした小さな暮らし」のような、**覚えてもらいやすい**

名前＋発信ジャンルやキーワードがベター。
「かな｜心に余白を生むミニマル生活」のように、**名前とキャッチコピーを組み合わせる**のもアリです。

Instagram では、プロフィール文章に書かれているキーワードは検索に引っかかりません。

名前に入っているキーワードは検索で表示されるため、「暮らし」「ミニマル」など**アカウントに興味を持ちそうなユーザーが検索するであろうキーワードを名前に入れる**ことをおすすめします。

○	かな｜余白を生かした小さな暮らし かな｜心に余白を生むミニマル生活
×	可奈｜節約生活を発信中! → 漢字の連続 Kana / Minimalist / Simple life → 英語・ローマ字表記 かな｜余白を生かしたミニマル生活と小さな暮らし → 文字数が多い

また、各ジャンルのトレンドを取り入れた名前を設定する方法もあります。例えば暮らしジャンルの場合、過去に「100 日後に◯◯する」というリールのフォーマットが流行りました。

このトレンドを投稿だけでなく、名前にも「かな｜ 100 日後にミニマルになるお部屋」のように取り入れることができます。投稿内容がひと目で分かり、差別化した名前になるのでおすすめです。

ただし、名前は 14 日間で 2 回しか変更できないので、試行錯誤しているうちに、変更できなくなってしまうリスクがあります。ある程度考えてから、入力するのがおすすめです。

POINT
アカウントのテーマが瞬時に伝わる名前をつける

POINT ④ フォロワー数／フォロー数

25	6,674	30
投稿	フォロワー	フォロー中

フォロワー数とフォロー数もプロフィールの印象を左右する要素のひとつです。

フォロワー数＜フォロー数になっていると、フォローバック目的でフォローを繰り返しているアカウントに見えて離脱されてしまいます。「投稿内容が薄く、自分からフォローしにいかないとフォローされない有益性の低いアカウントなのでは？」と判断されるからです。

フォローは**自分のアカウントと同じジャンルの競合アカウントに対してのみ**行い、かつ**フォロワー数を超えない**ように気をつけましょう。

同じジャンルのアカウントをフォローすることで、Instagram側に「どのカテゴリーに分類されるアカウントなのか」を認識させやすくなります（ジャンル認知）。

僕はこれまでの運用経験から、ジャンル認知には名前やプロフィール文章、投稿内容だけでなく、フォローを行っているアカウントも関係していると考えています。

無作為にフォローを行うとジャンル認知が上手くいかず、発見タブやリールタブでのおすすめに表示されにくくなる可能性があるため、注意が必要です。

POINT

関連性の高いアカウントのみフォローを行い、
数を増やしすぎない

POINT ⑤ プロフィール文章

-˛初カレに振られたぼっちOL˛-
3年付き合った同棲彼氏のモノを断捨離しまくる
1人でも寂しくない心地よい空間づくり
韓国インテリア×ミニマル
不器用でもできるプチDIY

20代 ┊ 1K7帖 ┊ ひとり暮らし
元カレ忘れて100日後に新しい彼氏がほしい

プロフィール文章は名前の下に表示されるアカウントの紹介文です。改行や絵文字を活用して読みやすく、150文字以内で記入します。
プロフィール文章には次の4つの要素を入れます。

❶発信内容

何について発信しているのかをひと目で分かるように記載します。

❷投稿者の特徴

誰が発信しているのかを記載します。
読んだユーザーが「私と同じだ！」と**親近感を抱く内容**や、「信頼できそう！」と**権威性をアピールできる内容**がおすすめです。

ただし、自分をよく見せようとしてウソの実績を書くのはNG。
一時的にフォローされたとしても長くは続かず、トラブルのもとになる恐れもあります。

❸ペルソナ

どんな人に向けて発信しているのか、ペルソナの特徴や感情を記載します。

「転職が不安な方へ」「ズボラなあなたに」「“やりたいことが分からない”を解決」など、誰かの**お悩みを解決するアカウントには必ず入れる**ようにしましょう。

発信者とペルソナがほとんど一致している場合は、②を書くだけでOKです。

❹フォローするメリット

競合アカウントと比較した**自分のアカウントならではの強み**や、**フォロワーになると見られる情報**などを記載します。

例えば、「ストーリーで無料転職診断✍実施中」「購入品を厳選してストーリーでお届け」などの一文を入れると、「ストーリーズを見ればお得な情報を得られる→フォローしておこう」という心理を誘発できます。

見落としがちなのが、プロフィール文章での絵文字の使い方。

プロフィール文章で使用する絵文字や特殊文字・特殊記号（⌇、☾、-ˋˏ ˎˊ-など）は、アカウントの世界観にあったものを選びましょう。

例えば、白で統一されたシンプルなインテリアを紹介しているアカウントには、「🔥」や「✅」のような絵文字は似合わないですよね。

絵文字もアカウント全体との整合性を意識して選ぶ必要があります。

「どんな絵文字が合うか分からない」という方は、競合アカウントで使用されている絵文字を真似してみてください。

POINT

発信内容、投稿者の特徴、ペルソナ、フォローするメリットが伝わり、かつ読みやすいプロフィール文章を作る

POINT 6 WebサイトURL

room.rakuten.co.jp/koharun_room

プロフィール文章の下には、タップするだけで遷移できるURL（ハイパーリンク）を記入することができます。

プロフィール文章の最後に「おすすめ商品まとめてます↓」「無料査定はこちら↓」のような**タップを促す一文を入れる**のもおすすめです。

WebサイトURLの例

- **アフィリエイト**：特に売りたい商品のアフィリエイトリンク、楽天ROOM（楽天アフィリエイトができるショッピングSNS）のURL
- **スキル販売**：ネットショップのURL、LINE公式アカウントの友だち追加用のURL
- **コンテンツ販売**：有料記事・動画のURL、LP（ランディングページ）のURL

複数のURLを掲載したい場合は、最大5つまでならInstagram内に外部リンクを貼ることが可能です。それ以上掲載したい場合にはLinktree（リンクツリー）やlit.link（リットリンク）など、**複数のSNSやリンクをまとめて一覧ページを作成できるサービス**を利用しましょう。

POINT

**プロフィールに訪れたユーザーに
アクセスしてほしいURLを設定する**

POINT ⑦ ストーリーズ

ストーリーズは24時間に一度必ず更新し、**アイコンの周りにピンク〜オレンジのグラデーションの丸枠が常に表示されている状態**にしてください。

プロフィールを見にきたユーザーは、アイコンを見て**ストーリーズの更新の有無を確認し、アクティブなアカウントかどうかを判断**するからです。

ユーザーがわざわざ最新投稿をタップして投稿日をチェックする可能性は低いため、ストーリーズを更新することで、リアルタイムで運用されているアカウントであることを示しましょう。

ストーリーズの更新が途切れているとアクティブなアカウントに見えず、離脱されてしまう可能性があるため注意が必要です。

参照 ストーリーズの運用について▶P.197

POINT

ストーリーズは更新されている状態を保ち、
アクティブなアカウントであることを示す

POINT 8 ハイライト

ハイライトは、投稿後24時間が経過すると表示されなくなるストーリーズをプロフィール上に残せる機能です。

Webサイト URL と投稿一覧の間に横並びの正円で表示されます。

過去に投稿したストーリーズを任意のカテゴリーに分類でき、カテゴリーごとにカバー画像とハイライト名を設定できます。

ユーザーが最初にプロフィールを見る段階では、各ハイライトをタップして具体的な内容（ストーリーズ）を見るのではなく、**アカウントの雰囲気を判断するためにカバー画像やハイライト名だけを見る**ケースが多いです。

カバー画像の注意点

カバー画像を設定していないと、ストーリーズの画像・動画が自動でトリミングされ、そのままカバー画像として表示されます。

カバー画像もアカウントの世界観・雰囲気を演出する要素のひとつ。

プロフィール全体で見たときに統一感のある画像を別で用意する必要があります。

カバー画像は**正円で表示されるため、文字やイラストを入れる場合は切れないように**気をつけましょう。

ハイライト名の注意点

カバー画像の下に表示されるテキストがハイライト名です。

最大15文字まで入力できますが、7文字以上を入力するとプロフィール上では「大人気レシ…」のように途中までしか表示されません。

日本語なら6文字以内、英語なら11文字以内で設定することをおすすめします。

また、カバー画像に文字を入れる場合は、限られた訴求場所を最大限活用するために、画像内の文字とハイライト名のテキストが重複しないようにしましょう。

参照 ハイライトの作成について▶P.204

POINT

アイコンや投稿画像、絵文字等と整合性のとれたハイライトを作成する

POINT 9 フィード投稿の1枚目の画像

アイコンやプロフィール文章だけでなく、プロフィール画面で見えているすべての要素が「プロフィール」として認識されます。

ハイライトのカバー画像同様、フィード投稿の1枚目の画像（表紙）

が**アカウントのテーマと一致しており、かつ全体的に統一**されていなければなりません。

また、アカウントを回遊して**他の投稿も見てもらえるように、目を引くキャッチーなデザイン**であることも重要です。

参照　フィード投稿のデザインについて▶P.131

フィード一覧（プロフィールグリッド）は一番上の行が最も見られやすい場所です。

通常は最新の投稿が表示されますが、任意の投稿を3つまで固定表示＝ピン留めすることもできます。

@happymoji_ayuayu

エンゲージメント率の高い投稿や特に見てほしい投稿はピン留めすることをおすすめします。

ピン留めすべき投稿の例

- **自己紹介の投稿**：実績・経歴やビフォーアフターなど
- **代表的な投稿**：バズった投稿、アカウントを象徴するような投稿など
- **売りたい商品の投稿**：アフィリエイト商材の紹介、PR投稿など
- **リスト獲得目的の投稿**：LINE公式アカウントやオープンチャットへの誘導など

戦略的にピン留めを行うことでフォロー率や商品購入率の向上を狙えます。

ただし、最新の投稿のエンゲージメント率はやや減少する可能性があります。

POINT

フィードの表紙はアカウントの雰囲気に合うキャッチーなデザインで統一し、リーチを伸ばしたい投稿を3つピン留めする。

POINT ⑩ リール投稿のカバー画像

プロフィール画面のリールタブをタップすると、リールのカバー画像が一覧で表示されます。

動画のワンシーンをそのままカバー画像に設定するのではなく、ハイライトと同じように別でカバー画像を作成・設定してください。

リールのカバー画像はフィードの表紙と統一してデザインしましょう。

また、プロフィールグリッドではアスペクト比１：１の正方形に切り取られて表示されます。

見切れずきれいに表示されるように、文字や装飾を中央に寄せて画像を作成する必要があります。

参照 リールについて▶P.162

POINT

リールのカバー画像はフィードの表紙デザインに合わせ、正方形にトリミングされても違和感のないように作成する

良いプロフィール

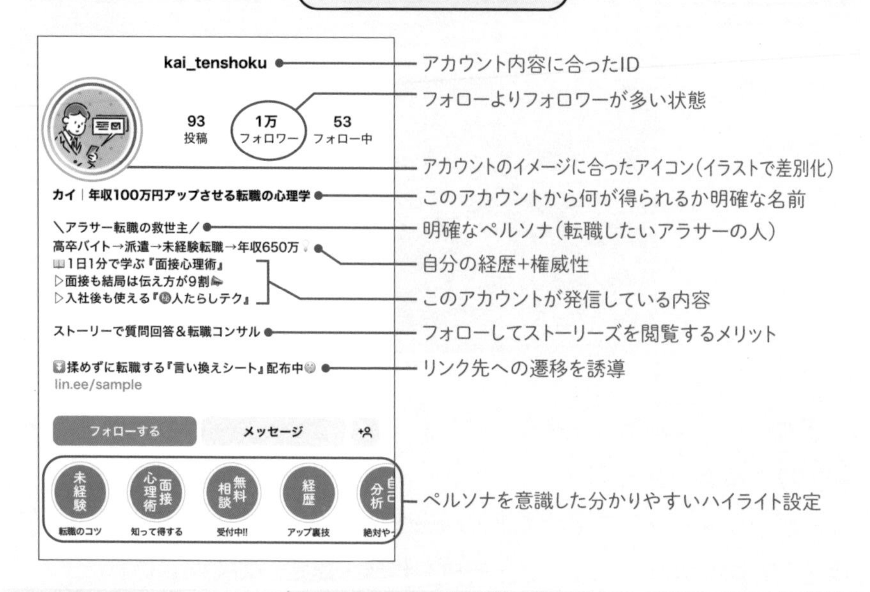

悪いプロフィール

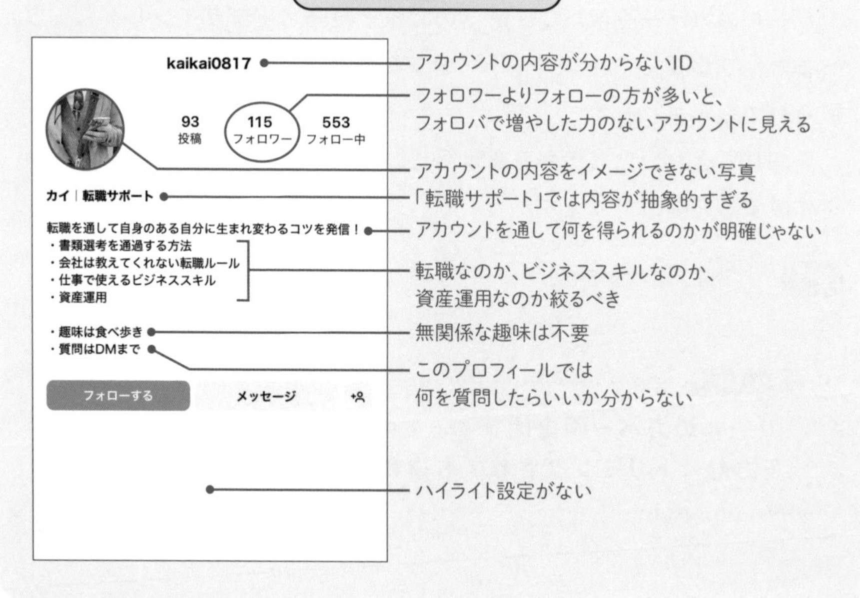

プロフィールのチェックリスト

- [ ] フォローに至るまでのユーザーの心理を理解する
- [ ] アカウントのテーマと一致しており、視認性が高く、覚えてもらいやすいアイコンを設定する
- [ ] 名前とジャンルを意味するシンプルなユーザーネームを設定する
- [ ] ユーザーネームに連続した「_（アンダーバー）」を使用しない
- [ ] 名前には発信内容や検索で引っかかるキーワードが入っている
- [ ] 名前は20文字以内で、ひと目でアカウントの特徴が伝わる
- [ ] 名前に連続した漢字や英語・ローマ字を使用していない
- [ ] フォロワー数がフォロー数を上回っている
- [ ] 関連性の高いアカウントのみフォローしている
- [ ] プロフィール文章を読むと発信内容、投稿者の特徴、ペルソナ、フォローするメリットが伝わる
- [ ] プロフィール文章には改行やアカウントのテーマに合う絵文字を使用し、読みやすくする
- [ ] Webサイト URLを設定する

- [ ] 24時間のうちに1回以上ストーリーズを更新する
- [ ] ハイライトを作成し、カバー画像とハイライト名を設定する
- [ ] ハイライト名は6文字以内（英語なら11文字以内）で、カバー画像内のテキストと重複していない
- [ ] ハイライトのカバー画像、フィード投稿の1枚目の画像、リール投稿のカバー画像がアカウントのテーマに合っている
- [ ] 最も見てほしいフィード投稿を3つピン留めする
- [ ] リールのカバー画像は正方形で表示されたときの見え方を想定して作成する
- [ ] プロフィール画面全体のデザインや内容の整合性がとれている

※直接書き込みたくない人は、P318の読者特典をチェック！

3

第 3 章

フィード投稿は
見込み客を集める営業マン

フィードとリールの違いをおさらい

アカウントの運用を始める前に、フィードメインで投稿するか、リールメインで投稿するか、半分ずつ投稿するかを考えます。

参考にする投稿のリストアップやデザイン探しを効率よく行うためです。フィードとリールの違いを改めて確認しておきましょう。

	フィード	リール
投稿できるデータ	静止画または動画を最大10枚	最長90秒の動画
推奨サイズ	・正方形 1:1 （1080ピクセル×1080ピクセル） ・縦長 4:5 （1080ピクセル×1350ピクセル） ・横長 1.91:1 （1080ピクセル×566ピクセル）	・縦長 9:16 （1080ピクセル×1920ピクセル）
表示場所	検索画面、発見タブ、ホーム、プロフィール	検索画面、発見タブ、ホーム、プロフィール、リールタブ
ユーザーの視聴態度	能動的	受動的
リーチ	△（伸びにくい）	◎（伸びやすい）
フォロワー転換率	◎（高い）	△（低い）

Instagramの公式見解によると、フィードかリールのどちらかを優遇しているという事実はないとのこと。

写真が好きなユーザーにはフィードを、ショート動画が好きなユーザーにはリールを多く表示しており、発見タブに表示されるフィードとリールの割合はユーザーごとに異なります。

しかし、左の比較表を見ると分かるとおり、**リールにはフィードよりも表示場所が多く、リーチを獲得しやすい**という強みがあります。

また、Instagram 以外の SNS でもテキスト・静止画よりショート動画の機能が拡張されており、リールを作成すれば**複数のプラットフォーム（TikTok、YouTube ショート、LINE VOOM など）へ展開可能**です。

ゆえに、**今から Instagram を始めるならリールへの参入はマスト**。

フィードは目的を持って自分で情報を探しにきた能動的なユーザーにリーチできる、つまり視聴態度が受動的なリールよりもフォロワー転換率が高い傾向にあるものの、表示場所が少なく新規参入が難しいです。

フィードメインで頑張るよりも、質の高いリールを作って再生回数を伸ばす方が参入難易度は低いと考えられます。

伸びた企画は使い回し OK ！

リールがバズる要因としては、動画の構成や音声など複数の要素が挙げられますが、そもそもの企画テーマ自体がユーザーにウケたとも考えられます。

再生数が伸びたリールをフィードに作り直して投稿すれば、同じようにバズる可能性が高いです（その逆も然り）。自分のアカウントで伸びたリールはフィードとして、伸びたフィードはリールとして、再編して投稿してみましょう。

また、競合アカウントでバズっているリールのテーマを抽出してフィードに展開し直せば、コンテンツが似てしまうことがなく、バズる可能性を担保した状態で投稿できます。

POINT

リールで新規ユーザーにリーチし、
フィードで保存やフォローにつなげる

「フォロワーを大切にすること」がバズの条件

フィード投稿を拡散させる（発見タブに載せる）ために意識しておきたいポイントは2つです。

①フォロワーとのコミュニケーション量
②初速のエンゲージメント

初速のエンゲージメントを左右するのは、ハッシュタグ検索で流入するフォロワー以外のユーザーではなく、ホーム画面から新規投稿を見て最初にリアクションをくれるユーザー＝フォロワーです。

つまり、①も②も「**バズりたいならまずは全ユーザーの中でフォロワーを最も大切にしましょう**」ということを意味しています。

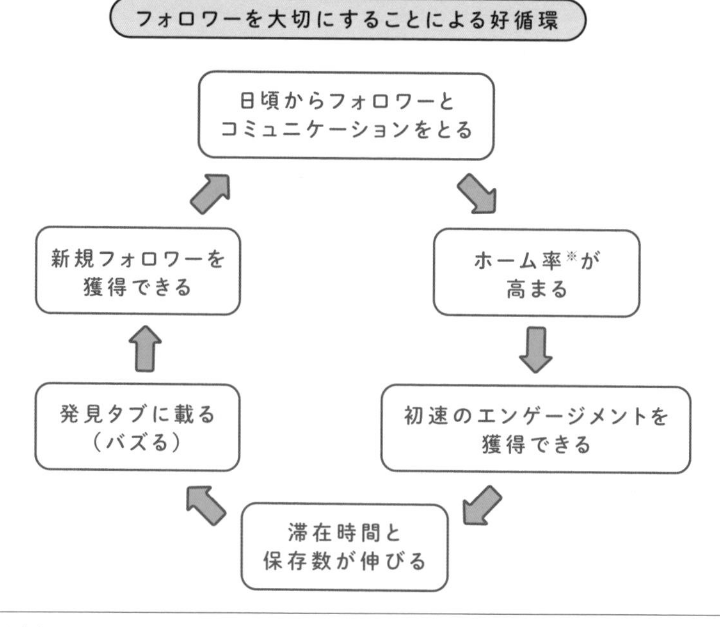

※ホーム率とは……フォロワーのうちホーム画面から投稿を見た人の割合。ホームのインプレッション数÷フォロワー数×100で計算できる。ユーザーの投稿への流入経路はインサイトから確認できる。

インサイトで確認できる流入経路

インサイト画面での表示	意味	ユーザー
ホーム	ホーム画面で表示された回数	基本的にフォロワー。コミュニケーションをとっているユーザーほど表示されやすい。
発見	発見タブでおすすめ表示された回数	主にフォロワー以外の、暇つぶしをしているユーザー。好きなテイストの投稿であれば、プロフィールアクセスやフォローを獲得できる可能性が高い。
ハッシュタグ	ハッシュタグ検索で表示された回数	主にフォロワー以外の、何かを検索しているユーザー。情報を求めている状態であるため、投稿を見ても離脱される可能性が高い。
地域	スポット（位置情報）から表示された回数	そのスポットに行きたいユーザー。
プロフィール	プロフィール画面から流入した回数	投稿から興味を持って見に来てくれた新規ユーザー。 または、アカウントを直接見に来てくれたファン。
その他	上記以外の経路から流入した回数（ストーリーズのシェアなど）	−

POINT

フォロワーと積極的にコミュニケーションをとってホーム率を高め、初速のエンゲージメントを獲得できればバズる

初速のエンゲージメントを高める方法

初速のエンゲージメントを高める企画の立て方やストーリーズの運用法については後ほど解説しますが、ここではちょっとした小ワザと注意点をご紹介します。

まず、**フィードに投稿する画像は一般的な正方形サイズではなく、1080 ピクセル× 1350 ピクセルの縦長サイズで作成**してみてください。

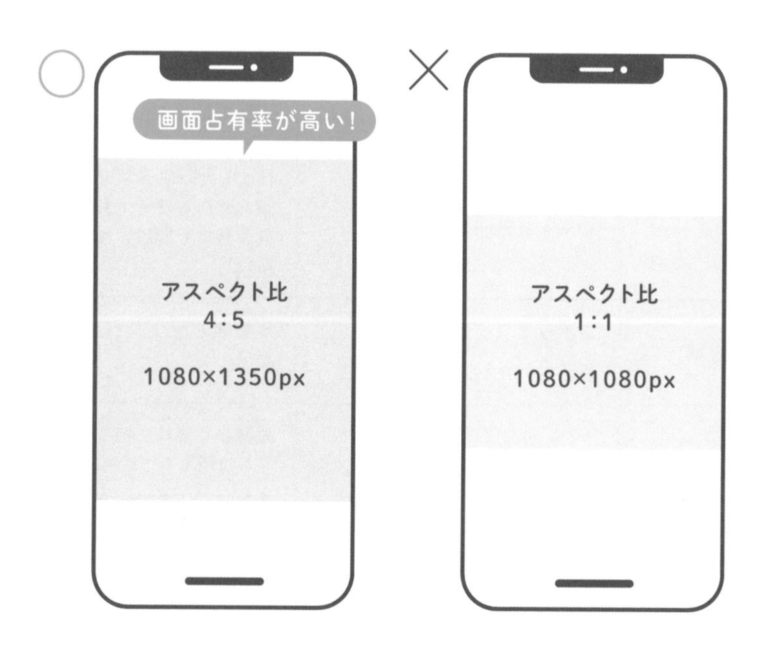

画面占有率が上がる、つまりホーム画面で目立つので投稿を見てもらいやすくなります。

ただし、プロフィール画面や発見タブでは正方形にトリミングされた状態で表示されるため、文字や見切れさせたくない要素は中央（1080 ピクセル ×1080 ピクセルの範囲内）に配置する必要があります。

また、投稿後は各画像が正しく反映されているかどうか必ず確認しましょう。フィードで複数枚投稿をすると、複数枚が同じ画像に置き換わる、画像が真っ黒になるなどのエラーが起きる場合があるからです。

エラーに気づかず放置すると、クオリティの低い投稿としてユーザーに離脱され、初速のエンゲージメントが落ちてしまいます。

POINT

フィードは画面占有率の高いアスペクト比4:5の縦長サイズで作成し、投稿後はエラーが発生していないか確認する

滞在時間を引き延ばす複数枚投稿の作り方

序章で解説したとおり、Instagram運用では特に投稿への滞在時間が大切です。

しかし、現状のインサイトでは滞在時間を見ることができないため、数値で確認できる**保存数を伸ばすことを目標に投稿**を作成していきます。

保存は投稿の情報量が多く有益であった場合に「後から見返す」ことを目的で行われるアクションであり、再度閲覧される＝滞在時間の引き延ばしにつながるからです。

保存を獲得するなら複数枚投稿（カルーセル）がマスト。

多くの情報を伝え、ユーザーにできるだけ長く投稿を見てもらうためには、投稿枚数が少ないより多いほうが有利だからです。

例えば、「明日から使える恋愛心理術」という投稿よりも「明日から使える恋愛心理術10選」のほうが保存を獲得できます。

ただし、枚数を増やすだけで１枚１枚の内容が薄い投稿はNG！

その投稿を見てもらえなくなるだけでなく、「有益でないアカウント」だと認識され、プロフィールアクセスやフォローの機会が失われてしまいます。

また、複数枚の中の１枚だけが有益である場合、保存ではなくスクリーンショットで済まされる可能性が高いです。

逆に言えば、「スクショが面倒くさい」と思わせることができれば保存につなげることができます。

複数枚のうち少なくとも**３枚以上に「後で見返したい」と思えるような有益な情報を詰め込み**ましょう。

スクリーンショットを回避し、滞在時間も延ばすテクニックとして、**画像だけでなく動画を挟む**方法もおすすめです。

POINT

１枚１枚の内容が濃い複数枚投稿を作ることで
保存を獲得でき、滞在時間を延ばせる

ユーザーの感情を揺さぶるPASONAの法則

複数枚投稿でユーザーに興味を持ってもらいエンゲージメントを獲得するためには、情報を羅列するだけでなく、**ユーザーの感情を揺さぶれるような構成**を考える必要があります。

ユーザーの行動を促す有名なマーケティング手法に、LP（ランディングページ）の構成などで活用されている「PASONAの法則」というものがあります。PASONAとは「Problem（問題）、Agitation（煽り）/Affinity（親近感）、Solution（解決）、Offer（提案）、Narrow down（絞り込み）、Action（行動）」の頭文字をとったワードです。

PASONAの法則

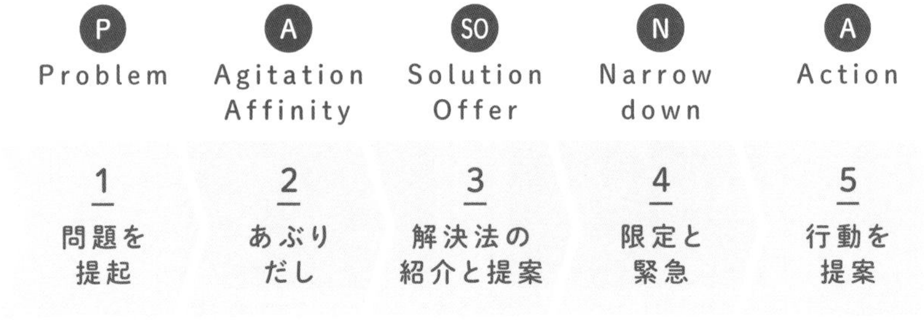

P	A	SO	N	A
Problem	Agitation Affinity	Solution Offer	Narrow down	Action
1	2	3	4	5
問題を提起	あぶりだし	解決法の紹介と提案	限定と緊急	行動を提案

P Problem（問題）
ユーザーが抱えている問題や悩みを明確にする

A Agitation（煽り）/Affinity（親近感）
悩みの本質を掘り下げて危機感を煽る、またはユーザーに共感して親近感を抱かせる

S Solution（解決）
悩みの原因を明らかにし、解決策を提示する

O Offer（提案）
解決策を簡単に実行できるような商品やサービスの提案を行う

N Narrow down（絞り込み）
期間や数を限定し、今すぐに購入しないといけない理由を示す

A Action（行動）
悩みを解決するためには具体的な行動が必要であることを呼びかける

Instagramにおいても**PASONAの法則が有効**です。

ユーザーの行動を促すために、この法則を活用した構成でフィードを作成しましょう。

PASONAの法則を活用した基本の構成

1枚目

自分で撮影した写真
or
視認性の高いデザイン
＋
強いキャッチ

2枚目

投稿を見るメリットや
惹かれる逆説など
ユーザーに強い関心を
抱かせる内容

3～8枚目

各項目のタイトル

写真
写真はフリー素材ではなく、自分で撮影したものを使用しましょう。

項目を補足する文章
1スライド1メッセージ

9枚目

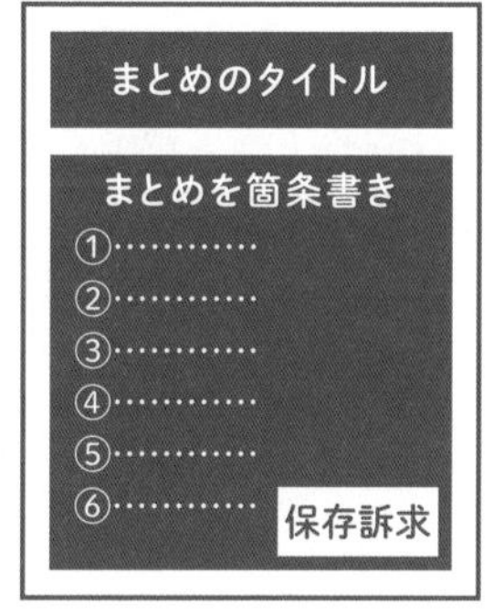

10枚目

- **1枚目**

  引きのある強いキャッチコピーで
  問題提起する（Ⓟ）

- **2枚目**

  投稿を見て得られるメリットや
  体験談で興味関心を惹く、
  あるいは逆説で煽る（Ⓐ）

- **3～8枚目**

  ノウハウを提供し、1枚目で提示
  した問題を解決する（Ⓢ）

- **9枚目**

  全体の内容をまとめ、
  保存を訴求する（Ⓞ）

- **10枚目**

  ユーザーへのメッセージや
  他のおすすめ投稿を載せ
  プロフィールアクセスや
  アクションを促す（Ⓝ・Ⓐ）

左の型で投稿を作成することで、投稿者自身が情報を整理しやすくなり、ユーザーも見やすくなります。

複数枚投稿の作り方が難しいと感じる方や、毎回の投稿にばらつきがある方は、まずは基本の構成をもとに作成してみてください。

POINT

PASONAの法則をもとに複数枚投稿を構成し、エンゲージメントを獲得する

STEP 1 見込み客が殺到するサムネイル

フィードの複数枚投稿のうち、**最も力を入れて作成すべきなのは1枚目**の画像。

1枚目の画像の訴求力が弱いと、検索画面や発見タブに並んだときに競合に勝って自分の投稿をタップしてもらうことが難しくなります。

YouTubeでいくら動画の内容が良くてもサムネイルが弱いと再生されないのと同じです。

1枚目の画像の訴求力を左右する要素は**①写真②デザイン③キャッチコピー**の3つ。

それぞれの重要度はアカウント設計によって異なります。

本書で推奨している文字入りのデザイン投稿の場合、おおよそ写真20%・デザイン30%・キャッチコピー50%くらいの比重になります。

3つとも完璧に作れたらベストですが、「上手なデザイン＋弱いキャッチコピー」と「下手なデザイン＋強いキャッチコピー」を比べると、後者のほうがタップされる可能性が高いです。

特に**日本人は文字での訴求を重視**する傾向にあります。

YouTubeのサムネイル、映画のポスター、Webサイトなどを比較すると、日本向けのものは海外向けのものに比べて文字量が多いことが分かります。

英語版

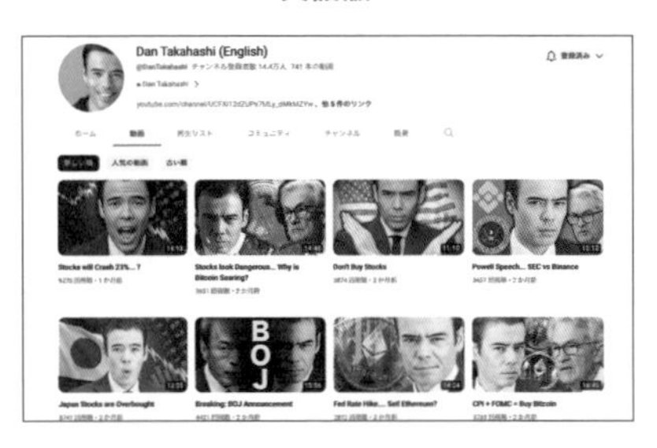

日本版

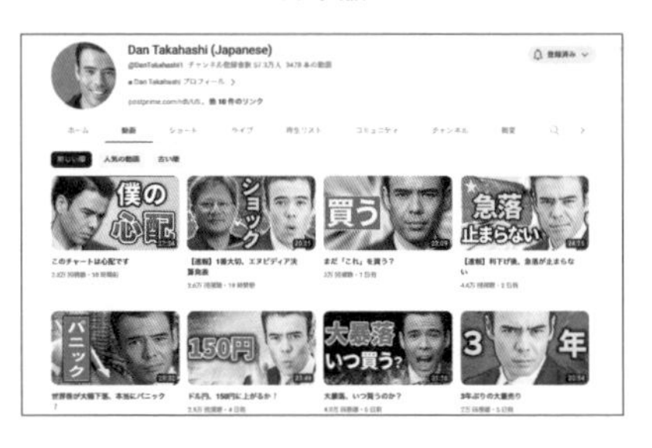

人気投資系YouTuber高橋ダン氏のYouTube。
日本語版の方がキャッチコピーなど文字訴求が多い。

文字入れ投稿を推奨している理由

序章で紹介した投稿者のタイプのうち、ジャンル特化アカウントを運用する場合は文字入りのデザイン投稿が主流です。

発見タブや検索画面に訴求力の強いキャッチコピー入りの投稿が並ぶため、文字なしの画像だけで有益性を示すことが難しくなっています。

ただし、メンズファッションなどノウハウ系ではない一部のジャンルでは、文字なし投稿のほうが伸びる場合があります。

自分の参入ジャンルにどちらが適しているのか、競合アカウント（プライベートアカウントを除く）をリサーチして判断しましょう。

1枚目の画像を作るときは**キャッチコピーを考えてから写真撮影やデザイン**を行います。

○ 正しい順序	× よくある間違い
企画を考える ↓ 企画を際立たせる キャッチコピーを考える ↓ キャッチコピーに合う写真を撮影する ↓ デザインを作る	企画を考える ↓ 写真を撮影する ↓ デザインと同時に キャッチコピーを考える

キャッチコピーを考える前に撮影を行うと、写真とキャッチコピーのミスマッチが起きる可能性があります。

先に考えたキャッチコピーに合うクリエイティブを用意し、相乗効果を狙いましょう。

キャッチコピーを考える際のポイントは3つ。

❶心理学の効果を活用する

メルマガのタイトルやWeb広告のクリエイティブには、**ユーザーの感情を動かして行動を促す心理学効果**に基づいたキャッチコピーが使われています。

Instagramの投稿においても心理学効果を取り入れて、興味を惹くキャッチコピーを作ることが大切です。

次ページの6つの心理学効果とキャッチコピー例を参考にしましょう。

カリギュラ効果

禁止されると、逆にその行為をしたくなる。(例「鶴の恩返し」)

キャッチコピーの例

・痩せたくない人は見ないで！
・やってはいけない
・悪用厳禁！

カクテルパーティ効果

自分に関係のある話題・無い話題を無意識のうちに選別し、関係のある話題だけをキャッチする。

キャッチコピーの例

・大阪府民必見！
・20代OLが手放せない

バンドワゴン効果

多くの人が認めているものや流行しているものを好意的に捉える。

キャッチコピーの例

・楽天1位の
・TikTokでバズった

フレーミング効果

見方や基準を変えることで、同じ物事でも全く違う印象になる。

キャッチコピーの例

✕30%のユーザーがリピート！
◯ユーザーの3人に1人がリピート！

権威への服従原理

無意識のうちに権威のある者の言動に従う。権威性・信頼性を高める効果。

キャッチコピーの例

・美容部員が教える！
・皮膚科医が推奨！

認知的不協和

矛盾する2つの感情を抱えると、不快感を覚える。当てはまる人には強い関心を抱かせることができる。

キャッチコピーの例

・片付けたいけどズボラな方必見！
・スキンケアなしで美肌をGET！

❷ペルソナを意識する

心理学効果はあくまでセオリーです。ジャンルやペルソナによって柔軟にキャッチコピーを調整する必要があります。

例えば、Z世代の女性に向けて訴求したい場合は、右記のようなキャッチコピーが有効です。

・校則が厳しくても♡バレずに男子を秒死させる“神型”
・男子が泊まりたがる♡あざといルームアイデア
・年下彼氏が泣いて喜ぶ♡トロたまスープ

「誰が」「どう思って」「どうなるか」、この投稿が役立つシーンを具体的にイメージできるようなコピーになっていますよね。

解像度を上げてペルソナが抱えている悩みやニーズを想像し、キャッチコピーに落とし込みましょう。

❸瞬時に認識できる文字数に収める

人がキャッチコピーを見てコンテンツの内容を把握し、その情報が自分にとって必要かどうかを判断する時間は0.3〜0.5秒程度だと言われています。

この短い時間で**認識できる文字数は13〜15文字**です。

素早くスクロールしているなかでも目に留まるように、15文字以内のできるだけ短いキャッチコピーをつける必要があります。

Yahoo!ニュースのタイトルのつけ方が参考になるので、気になる人はチェックしてみてください。

このようにして1枚目の画像を作成したら、想定されるハッシュタグで検索して出てくる人気投稿一覧をスクショし、自分の作った画像を当てはめて見比べてみましょう。他の投稿と比較して目立っていればOKです。

POINT

1枚目の画像にはユーザーの心を動かすキャッチコピーを入れて作り込む

STEP 2 次ページへの“つなぎ”を入れる

2枚目の画像は**3枚目以降を見進めてもらうためのつなぎの役割**を果たします。

投稿を見るメリットや逆説などを入れましょう。

ユーザー目線で訴求を考え、「私が見たい情報かも」「私に関係あるかも」と自分ごとに落とし込ませることができればクリアです。

（情報量が多い場合、このステップを飛ばすケースもあります）。

2枚目の画像で使えるフォーマット

フォーマット	詳細	文章の例
ベネフィット	この投稿を見るメリットを明確にする。続きを気にならせる。	夏も保湿は必要！ ・3,000円以下 ・べたつきにくい ・成分◎ この3つを満たした保湿クリームを7つご紹介！
体験談	自分の体験談を明かす。一次情報感や独自性が強まり、ユーザーが共感しやすくなる。	今日は韓国オタクな僕が実際に買って本当によかったものだけを厳選して紹介します！
逆説	思わず反論したくなる逆説を入れる。続きを気にならせる。	この方法を試すと、寝てるだけで1ヶ月に10kg痩せました！
共感	ペルソナの悩みや気持ちを言い当てる（コールドリーディング）。	インスタだけで月に100万も稼げるわけないじゃん！って思いますよね？

ホーム画面には通常、複数枚投稿の1枚目の画像が表示されますが、ユーザーの興味関心にマッチしていると判断されれば、最初に**2枚目が表示される場合もあります**。

1枚目と同じく重要なページであることを意識して作成しましょう。

POINT

2枚目の画像でユーザーに自分ごと化してもらい、次ページへと誘導する

STEP 3 ノウハウページはテンプレ化して時短

3枚目からは1枚目で提示したテーマに基づき、ノウハウを提供するページです。

タイトル・写真・本文を見やすくデザインします。

「1ページにつき1メッセージ」となるように情報を整理すること、フリー素材ではなく自分で撮影した写真を用意することがポイントです。

ノウハウページの画像は、**作業効率を上げるためにデザインをテンプレート化**します。

第1章でお伝えしたとおり、Instagramで稼ぎたいなら成果がなかなか出なくても最低3ヶ月〜1年程度は運用を続けることが大切です。

毎日の投稿作成を継続しやすくするために、作業時間はできるだけ削りましょう。

POINT

3枚目以降の画像はタイトル・写真・本文を配置したデザインテンプレートを作っておく

STEP 4 まとめページで保存数アップ

ノウハウページと最終画像の間には、**ここまでの情報をまとめたページ**を入れます。

ユーザーに投稿内容を振り返ってもらい、「有益だったから後で見返そう」と思わせることで、**保存を促す目的**です。下記のまとめページで使えるフォーマット例を参考にしましょう。

まとめページで使えるフォーマット

チェックリスト、TO DO リスト

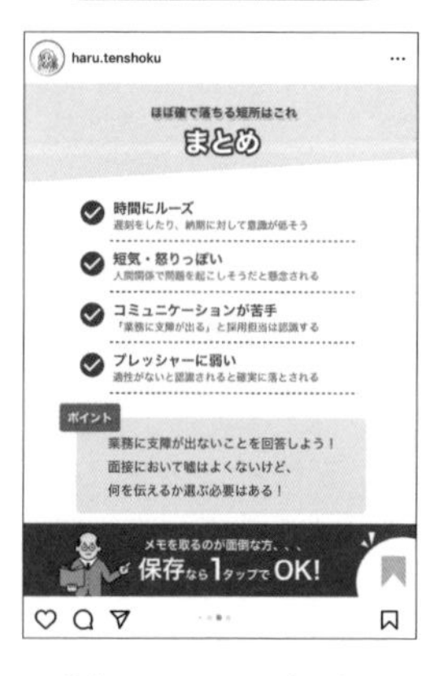

@haru.tenshoku

紹介したサービスの内容のまとめ

@omaru_setsuyaku

内容の箇条書き

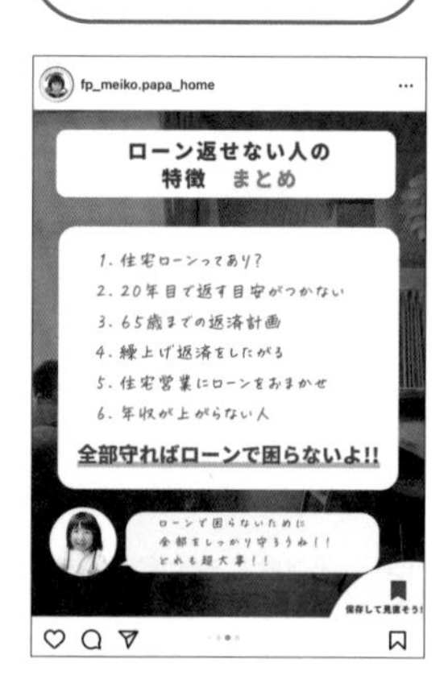

@fp_meiko.papa_home

POINT

最終画像の前に投稿全体を振り返る
まとめページを入れ、保存させる

STEP 5 してほしいことをCTA画像で伝える

最終画像はCTA（Call To Action：行動喚起）の役割を果たすページです。投稿を見てくれたユーザーを離脱させず、**プロフィールアクセスやフォロー、保存など次の行動を促す**ために入れます。

このページでも「**1ページにつき1メッセージ**」が原則。
「プロフィールを見てね！ いいねもしてね！ 保存もお願い！」と複数のお願いをしてしまうと、ユーザーは結局何をすればよいのか分からなくなり、何のアクションも獲得できなくなるからです。

プロフィールに移動して他の投稿を見てほしいのか、フォローしてほしいのか、それとも保存して見返してほしいのか、投稿内容によって使い分けます。

最終画像の例

● 別の投稿の紹介

今回の投稿では保存やフォローをしたくなる気持ちに至らなかったとしても、最後まで見てもらえたということは、別の投稿は気に入ってもらえる可能性が高いです。

内容が似ている過去の投稿の1枚目の画像を載せ、「他にこんな投稿もしているからチェックしてね」とプロフィールへの遷移を狙いましょう。
YouTubeの終了画面に出てくる関連動画のサムネイルをタップして、同じチャンネルの別の動画を続けて視聴した経験はありませんか？

これと同じことをInstagramのフィードでもするイメージです。「ランキング」や「◯選」のような見せ方にして**前編と後編に分け、続きを気にならせる**……というテクニックもあります。

別の投稿からフォローにつなげるためには、アカウントの投稿全体に統一感を持たせておくこと、どの投稿も高いクオリティで作り込んでおくことが大切です。

あと60秒ください
@haru.tenshoku

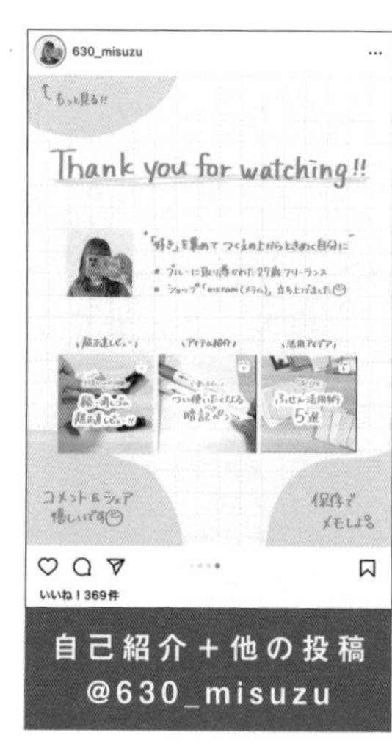

自己紹介＋他の投稿
@630_misuzu

ハイライト訴求
@airi_diet_yase

●フォローのお願い

アカウントの特徴や発信内容を紹介、あるいは次回の投稿内容を予告してフォローを促します。

「見逃さないようにフォローしてね」「◯◯な人はフォローがおすすめ」など、**フォローするメリットを明示**しましょう。

●保存のお願い

投稿を**保存するメリットを言語化**し、保存を促します。

例えば、節約でやるべきことをまとめた投稿の場合は「毎月家計簿をつけるタイミングで見返すために保存してね」「出費を減らしたい人は保存してこまめにチェック！」のようなメッセージになります。

ユーザーはなかなか行動してくれない生き物

「毎回フォローや保存をお願いしていたら嫌がられないかな？」と不安に思う方もいらっしゃるでしょう。

しかし、ユーザーのほとんどは暇つぶし目的でInstagramを利用しており、投稿を隅から隅まで細かく見ているわけではありません。
なんとなく投稿を眺めているユーザーに行動させるためには、しっかりと導線設計をする必要があります。

YouTubeでも、動画の途中や最後に「チャンネル登録お願いします」と呼びかけるセリフが入っている動画が多いですよね。
これは次のような心理効果に基づいています。

呼びかけの繰り返し効果	コミットメントと一貫性の原則	アンダードッグ効果
繰り返し同じメッセージを聞くことで、視聴者は徐々に慣れて受け入れ、呼びかけられた行動をとりやすくなります。	人には自分が決めたこと・約束したことに一貫して従いたいと感じる性質があります。一度チャンネル登録をすると、そのチャンネルに対して関心を持ち続ける可能性が高いです。	人には弱い立場の人に対して同情し、ついつい応援してしまう性質があります。YouTuberが直接視聴者にお願いして自分の立場を下げることで、要望に応えてもらいやすくなります。

Instagramのフィード投稿においても、複数枚投稿の最終画像にはユーザーにしてほしいことをしっかりと記載しましょう。

POINT

最終画像でプロフィールアクセス、フォロー、保存のいずれかの行動を促すメッセージを１つ入れる

フィードの企画を立てる5つのポイント

フィード投稿では構成を作り込んだ複数枚での訴求が重要であることをお分かりいただけたかと思います。

ここからは中身の部分、企画の立て方について解説していきます。

POINT ① 根拠に基づいて企画する

企画を立てる際は**データ・数値や仮説など、何かしらの根拠が必要**です。思いつきや勘はNG、「根拠なき企画は企画にあらず」と心得ましょう。

❶データ・数値

自分のアカウントのデータが集まりきっていない、運用を始めたての頃は、競合アカウントの中で特に伸びている投稿を分析します。

このとき、数十万フォロワー規模の大手アカウントではなく、**フォロワー数はまだ少ないけれど確実にエンゲージメントを獲得できているアカウント**を参考にするのがおすすめです。

このような成長途中のアカウントは、まだ広くは認知されていないけれど、ユーザーが求める企画を出せており、徐々に発見タブに露出できている可能性大。

いいね数やコメント数をもとに需要のある企画を探しましょう。

❷別ジャンルの投稿をもとに立てた仮説

別ジャンルのアカウントで伸びている投稿テーマ・形式をリサーチし、自分のアカウントに活用する方法です。

例えば、あなたが「ChatGPT 関連のアカウントを運用したい」と考えていたとします。

ChatGPT のような市場が成熟しきっていないジャンルだと、参考になる投稿を見つけにくいです。

このような場合には、エクセルなど発信内容の形式が似ている別のジャンルを参考にして自分のジャンルに置き換えてみると、「この投稿が伸びるのでは？」と仮説を立てることができます。

ただし、グルメや美容など ChatGPT との関連性が低いジャンルは、訴求する情報の種類が違うため、参考にしづらいです。

❸ターゲットの好みをもとに立てた仮説

ターゲット（ペルソナ）の好みを分析し、その人に刺さる訴求を行う方法です。

例えば、あなたが 10 代の女性をターゲットに、とある地域のさまざまなスポットを紹介するアカウントを運用していたとします。

知名度の高い地域でない場合、なかなか投稿を伸ばすことが難しいでしょう。

「10 代女性の間でアイドル A が人気」という情報をもとに「アイドル A 関連のハッシュタグをつけたら投稿が伸びるのでは？」と仮説を立てれば、「アイドル A のロケ地にも使われたスポット」という企画につなげることができます。

自分が投稿したい内容にだけスポットを当てるのではなく、ターゲットになるユーザーの趣味嗜好とアカウントの特徴を掛け合わせると、リーチを伸ばせる可能性が高いです。

ただし、この方法だけに頼ると求めているフォロワー層と乖離してしまう可能性があるため、飛び道具的にときどき活用するようにしましょう。

POINT

企画は思いつきではなく、
データや仮説などの根拠をもとに立てる

POINT ② 競合アカウントの投稿を参考にする

自分でゼロから企画を生み出すのは非常に難易度が高いです。

最初に競合アカウントの投稿をリストアップするところから始めましょう。

ただし、参考にする企画選びを間違えると、伸びない投稿が出来上がってしまうので要注意！

フォロワーが多いアカウントの投稿は、そもそもフォロワーからのエンゲージメントを獲得できるため、ファンが反応したから伸びたのか、テーマ自体が良かったのかを判断しづらいです。

まだファンが定着していない**短期間で成長しているアカウント**から投稿をピックアップすれば、Instagram で伸びやすい**良いテーマを抽出**できます。

純粋にアカウント設計やテーマが良かったからエンゲージメントを獲得でき、フォロワーが増えているという判断ができるからです。

企画立案までの具体的なステップは次のとおりです。

投稿頻度にもよりますが、トレンドを掴むためにも最低月１回以上行うといいでしょう。

❶エンゲージメントの多い投稿をリストアップ

企画のもとになるテーマを抽出するために、短期間で成長しているアカウントの中から特に伸びている投稿を探し出します。

フィードならそのアカウントの**平均いいね数より1.5倍以上いいね数が多い投稿**を、リールなら**平均再生回数より1.5倍以上再生回数が多い投稿**を目安に探してみてください。

❷実行可能なテーマを抽出

①でリストアップした投稿の中から、自分のアカウントで実行できるテーマを抽出します。

例えば、一人暮らしの水回りの掃除に特化したアカウントを運用していて、①で掃除ジャンルのアカウントを参考にしたとします。

伸びている投稿のうち、「ダイニングの片付け方」のような水回り掃除関連以外の投稿は、自分のアカウントには適していませんよね。

また、一人で運用しているのに二人での会話が必要な投稿は難しいでしょう。このように、**投稿のテーマとアカウントの相性や作成難易度を加味してテーマを抽出**する必要があります。

❸タイトル・内容を自分流にアレンジ

投稿作成の際に真似していいのはテーマまでで、タイトル（キャッチコピー）や内容をそのままパクるのはNG。

自分流にアレンジせずに投稿を作ってしまうと、トラブルに発展する恐れがあります。

例 1

元の投稿：**インスタで保存数を増やす10の方法**

▼

× Instagramの保存数をアップする方法10選

○ バズ確定！たった1投稿でフォロワー爆増
98%の人が知らない滞在時間のヒミツ
禁断の“インスタが喜ぶ運用術”

元の投稿のテーマ「保存数を増加させる」を、「バズる」「滞在時間が増える」「インスタが喜ぶ」「フォロワーが増える」など**別のキーワードに置き換え**ます。

例 2

元の投稿：**面接に受かる履歴書の書き方**

× 採用率アップ！履歴書作りのポイント

○ これをやると落ちる!? NGな履歴書
僕が内定率80%を超えた履歴書を公開

「受かる履歴書の書き方」というテーマを**逆から解説**したり、自分しか持っていない経験・スキルを加えて**属人性を出し**たりすることで、変化させています。

POINT

**短期間で成長しているアカウントで
伸びている投稿の中から、実行可能なテーマを抽出し、
自分流にアレンジして企画を立てる**

POINT ③ フォロワーの意見を参考にする

フォロワーが求めているフィード投稿を作ることで、バズの条件のひとつである「初速のエンゲージメント」を高められます。

具体的なやり方は以下のとおりです。

①フォロワーが抱えていそうな悩みを4つ考える
②ストーリーズに①を載せ、4択のアンケートをとる
③②の中で最も回答の多かった悩みを解決する投稿を作る
④投稿をストーリーズにシェア＋アクションスタンプをつける

この流れで投稿を作成すると、「自分の悩みを聞いて解決してくれた」と感じてもらうことができ、**返報性の原理※でエンゲージメントを獲得しやすい**です。

単純に自分で考えた企画だけを投稿していると、フォロワーが望んでいない自分本位の投稿に終始してエンゲージメントやリーチを伸ばせません。

フォロワーとコミュニケーションを取りながら、画面の向こうにいる人の望みを満たせる投稿を作りましょう。

また、アンケートに回答してくれたフォロワーや、アクションスタンプをタップしてくれたフォロワーには**お礼のDMを送る**ことをおすす

※返報性の原理とは……相手から何らかの施しを受けたときにお返しをしたくなる心理

めします。

フォロワーがかけてくれた手間に対して丁寧に対応することで、**コミュニケーションが活発になり、ファン化を促進**できます。

POINT

初速のエンゲージメントを獲得するために、
フォロワーの悩みを元に企画を立てる

POINT ④ 鮮度の高い情報で投稿を作る

投稿のテーマには、「水回りの掃除方法」「お呼ばれメイク」のような時期にかかわらず需要のある不変的なテーマと、「バレンタインのおすすめギフト」「カフェの新作春ドリンクまとめ」のような**投稿時期が限られているテーマ**があります。

後者の投稿は、POINT2の競合調査の段階では見つからないため、**自分のアカウントジャンルと関連度の高いイベントや季節のトレンドはあらかじめ把握**しておかなければなりません。次の見開きに企画参考用カレンダーを掲載しているので参考にしてください。

投稿時期が限られているテーマは、タイミングよく投稿できれば大きく伸びますが、時期を逃すと見られなくなってしまうので、**企画の際は情報の鮮度を意識**する必要があります。

どのような企画をどの時期に投稿すべきか知りたいときは、**競合アカウントの去年の投稿**をチェックしましょう。

例えばクリスマスコフレについて投稿する場合、投稿時期は「11月末or12月？」、内容は「単独商品を紹介orまとめて投稿？」など、**いくつかの競合を見て伸びる投稿の傾向を掴む**ようにしてください。

企画参考用カレンダー

	主なイベント・キーワード	例1：暮らし系アカウント	例2：美容系アカウント
1月	・正月　・お年玉 ・七草　・成人の日 ・初売り、福袋 ・ウィンタースポーツ ・新年会 ・お年賀、寒中見舞い	ウィッシュリスト！ 2023年にやりたい 10のこと	美容がんばる！ 年間計画2023
2月	・節分 ・バレンタインデー ・イルミネーション ・風邪 ・受験 ・雪	バレンタインまでに やりたいこと◯選	とにかくかわいい！ バレンタインメイク
3月	・ひな祭り ・ホワイトデー ・合格、就職祝い ・卒業式　・引っ越し ・新生活　・花粉シーズン	入居前にやること ◯選	春の桜メイク
4月	・お花見 ・エイプリルフール ・イースター ・入学式、入社式 ・衣替え ・春スイーツ	新生活 コスパ最強！ おすすめ家電◯選	新生活におすすめ！ 垢抜け方法◯選
5月	・ゴールデンウィーク ・母の日 ・運動会 ・バーベキュー	GWにやるべき キッチン掃除	母の日コスメギフト ◯選
6月	・梅雨、湿気 ・父の日 ・ブライダル ・エアコン準備 ・プール開き ・上半期終了	・便利すぎ！上半期買ってよかったもの◯選 ・梅雨シーズンのカビ掃除	上半期ベストコスメランキング

7月	・七夕　・海、プール ・夏祭り、花火大会、フェス ・紫外線、日焼け対策 ・夏のボーナス ・お中元、暑中見舞い ・土用の丑　・バーゲン ・夏休み	自分へのご褒美旅行！ 持ち物準備	コスパ最高！ 日焼け止め○選
8月	・お盆休み、帰省 ・熱帯夜 ・コミックマーケット ・食中毒	夏休みにやるべき お風呂掃除術	夏の味方！ ひんやり最強アイテム
9月	・敬老の日 ・シルバーウィーク ・台風　・文化祭　・遠足 ・スポーツの秋　・読書の秋 ・食欲の秋 ・十五夜、お月見 ・引っ越し（異動、転勤）	買ってよかった クローゼット収納	この秋買うべき！ 秋色リップまとめ
10月	・秋の味覚　・果物狩り ・キャンプ、ハイキング ・ブライダル　・衣替え ・ハロウィン　・紅葉 ・秋の夜長（リラックスタイム）	秋の夜長に聴くもの リスト	簡単に真似できる ハロウィンメイク
11月	・七五三 ・ブラックフライデー ・ボジョレー解禁 ・修学旅行　・乾燥対策 ・季節の変わり目（睡眠不足、風邪）	快眠のためにすること○選	全身マシュマロ肌！ 冬のボディケアはコレ
12月	・冬のボーナス ・大掃除　・お歳暮 ・クリスマス　・冬休み ・忘年会、宴会 ・鍋料理　・年末年始	・大掃除で使わないと損な掃除グッズ○選 ・年末にやるべきお風呂掃除	・クリスマスコフレまとめ ・2023年使いまくったmy最強コスメ○選

アフィリエイトで稼ぐポイント

カレンダー以外にも、楽天スーパーセールやブラックフライデーなど、各ECショップのセール・キャンペーンの情報も事前に調べておきましょう。

セール・キャンペーン開始のタイミングで、自分が売りたい商品をまとめて投稿し、ストーリーズでアフィリエイトを行えるように準備しておくことが大切です。

POINT

アカウントのジャンルに関係する季節のイベント・トレンドは、投稿時期が遅れないように企画に取り入れる

POINT ⑤ 他のSNSから情報収集する

Instagramの企画だからといって、必ずしもInstagramの中だけで探さなくてもOKです。

YouTube、X（元Twitter）、TikTokなど他のSNSからも情報収集することをおすすめします。

YouTubeでの情報収集方法

YouTubeの検索は、タイトルだけでなく概要欄やタグに含まれるキーワードも引っかかる仕組みになっています。

1つのキーワードから幅広い動画が表示されるため、一覧を眺めているだけでもインスピレーションが湧きやすいです。

キーワードがタイトルに含まれている動画だけを表示させたい場合は、検索窓に「intitle:〇〇（任意のキーワード）」と打ち込みます。

また、検索窓の下にある「フィルタ」をクリックすると、アップロード日での絞り込みや、視聴回数や評価順での並べ替えなどが可能です。

季節感・トレンドを加味したい場合や、特に人気の企画を知りたい場合に活用してみましょう。

なお、YouTubeは企画内容だけでなく、**サムネイルの作り方やタイトルのつけ方**も非常に参考になります。

X（元Twitter）での情報収集方法

X（元Twitter）で特定のキーワードを検索する場合は、**いいね数やリポスト数を指定して人気の投稿を絞り込み**ます。

検索したいキーワードの前に「min_faves:10000」と入力すれば10,000いいね以上を獲得した投稿のみが、「min_retweets:5000」と入力すれば5,000ポスト以上を獲得した投稿のみが表示されます。

他にも「filter:images」で画像付きのポスト、「filter:videos」で動画付きのポストに絞って表示可能です。

上記の検索コマンドを覚えられない場合は、パソコン版X（元Twitter）にアクセスし、検索窓の横にある「…」から「高度な検索」をクリックしましょう。

エンゲージメントや投稿日を細かく指定して検索できるので、上手に活用しながら自分に合う投稿案を探してみてください。

TikTokでの情報収集方法

SNSの**トレンドは、若年層に支持されているTikTokから生まれる**ケースが多いです。

TikTokで任意のキーワードを検索し、フィルター機能で投稿日を3ヶ月以内、並び順をいいね数に設定して伸びている動画をピックアップします。

伸びている要因（冒頭の掴みや動画の内容など）を分析し、フィードに落とし込んでみてください。

あるいは、自分のジャンルで多用されているハッシュタグを探し、そのワードを検索欄に入力して「ユーザー」をタップ。

その中から、少ない投稿本数で伸びているユーザーを見つけて参考にする方法もあります。

その他、下記サイトも参考になります。

- Google検索で上位に表示されているSEO記事
- 「ラッコキーワード」で上に表示されるサジェストキーワード
- 「Googleキーワードプランナー」で検索ボリュームが多いキーワード
- 「Yahoo!知恵袋」で閲覧数の多い質問

POINT

Instagram以外のSNSやサイトでも企画の参考になるコンテンツを探す

ユーザーの目に留まる写真撮影の5つのポイント

企画を考え、企画を際立たせるキャッチコピー（タイトル）をつけたら、続いてキャッチコピーに合う写真を撮影します。

写真撮影やデザインに苦手意識がある方は少なくありません。

これから解説する5つのポイントを押さえればユーザーの目に留まる写真を撮影できるようになります。

POINT ① 参考写真を真似する

慣れていないうちは**写真の上手なアカウントの投稿を見て、とにかく真似する**ところから始めます。

元々センスがあっておしゃれな写真を撮れる人はほとんどいません。

Instagramを眺めているときに**思わず手が止まった写真をいくつかピックアップ**しておき、完全に真似するつもりで撮影していくうちに、自分の中にセンスが良い感覚を覚え込ませることができます。

「完全に真似する」というのは、構図や撮影角度、光源の方向、被写体の配置方法や状態（フタが開いている・開いていないなど）、色味など**すべての要素を徹底的に再現して撮影する**という意味です。

全く同じ写真を撮影する練習（トレース）をたくさんしてみてください。

POINT

参考写真を徹底的に真似して撮影の練習をする

POINT 2 三分割法を意識する

撮影にはさまざまなテクニックがあります。

中でも比較的簡単でクオリティの高い写真に仕上がる基本の手法として、「**三分割法**」をおすすめします。

三分割法とは下の図のように水平線と垂直線を2本ずつ等間隔に引き、交点に被写体を配置して、構図のバランスをとる手法です。

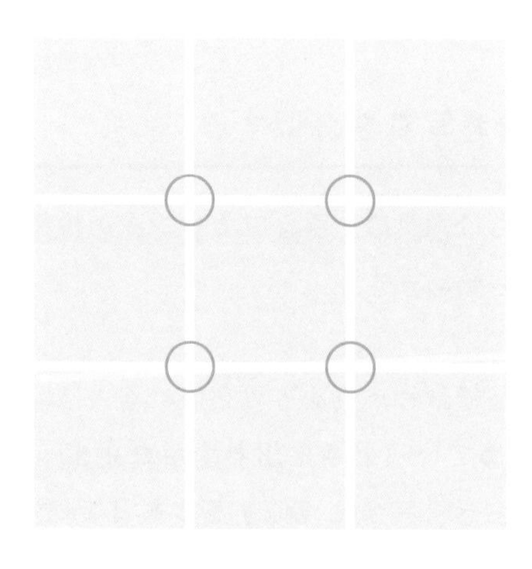

多くのスマホには、カメラにこのような**格子線（グリッド）**を表示できる機能が搭載されています。

iPhoneであればホーム画面の設定→カメラ→グリッドからオンオフの切り替えが可能です。

素人が撮影した写真に多いのが、被写体を中央に配置した構図。

必ずしもダメというわけではありませんが、特徴のない平凡な写真になりやすいです。

被写体の中心を交点上に配置すると、右のように非対称で人の目を惹きやすく、かつバランスが安定している美しい写真に仕上がります。

被写体の中心を交点上に配置すると、
バランスが安定し美しい写真になる

基本的には4つの交点のうちどこに被写体を配置しても構いませんが、人物の写真を撮影する場合は、視線の方向を広く取るほうが違和感のない写真に仕上がります。
「その人が何を見ているか」を写真に入れることで、窮屈にならず、空間の広がりやストーリーを伝えられるからです。

視線の方向

三分割法のほかにも、三角構図や対角線構図、放射線構図などたくさんの種類があります。

構図を意識するだけで写真の印象や雰囲気がグッと良くなるため、**被写体に合わせて最適な構図を使いこなして**みてください。

POINT

カメラにはグリッドを表示し、
交点の上に被写体を配置して撮影する

▶ POINT ③ 照明にこだわる

写真であっても動画であっても、**画質はクオリティを大きく左右**します。そして、画質を左右するのは解像度・画素数だけではありません。

①光の種類②光の量③光の向きによっても画質が変わるため、撮影の際は照明にこだわってください。

❶光の種類

被写体が**最もきれいに写る光源は自然光**です。

蛍光灯の光で撮影した写真は、自然光に比べると陰影の出方やコントラストなどが劣ります。

室内での撮影であっても、太陽の出ている時間帯、**なるべく午前中～お昼に撮影**するようにしましょう。

自然光での撮影が難しい場合は、高価なものでなくても大丈夫なので**撮影用の照明を使う**とある程度明るく鮮明に撮影できます。

部屋の照明だけで撮影すると明るさが足りなかったり、俯瞰で撮影する場合は撮影者の影が映り込んだりすることがあります。

自然光とその他の光

自然光

蛍光灯

暗めの部屋

照明１つで撮れる画はこんなにも変わってしまうので、最大限配慮しましょう。被写体が影になる逆光にも注意が必要です。

❷光の量

薄暗い部屋で撮影すると画質が落ちてしまうため、①のような光源を用意する必要があります。

しかし、光の量を増やしたいからと**フラッシュを使うのは基本的にNG**。光が強くなりすぎて色味が不自然になってしまったり、白飛びしてしまったりと、美しい写真を撮影しづらいです。

フラッシュの使用は控え、**自然光や撮影用照明を利用して撮影**しましょう。

❸光の向き

写真は光の向きによっても印象が変わります。

カメラを構えて**被写体を中心に360度回転し、最もきれいに写る角度を探して**みてください。

明るく鮮明な写真を撮影するなら**順光の写真が基本**です。

逆光だと被写体が暗く写ってしまいますが、上手く活用すると個性的で迫力のある写真を撮影できるので、アカウントのテイストによっては取り入れてみてもいいかもしれません。

POINT

フラッシュはオフにし、
午前中からお昼の時間帯に自然光かつ順光で撮影する。

POINT ④ カメラの機能を活用する

最近のスマホカメラには、美しい写真を撮影するためのさまざまな機能が搭載されています。

機種によって搭載されている機能は異なりますが、ここではiPhone

（一部機種を除く）を例に３つのおすすめ機能を紹介します。

❶編集（補正）機能

Instagramに撮ったままの写真を載せるのはNG。

カメラロールで撮影した写真を開き、「編集」をタップして**明るさや色味、彩度やコントラストなど各エフェクトを細かく調節**します。

POINT1でピックアップした参考写真を見ながら調節するといいでしょう。

❷HDR機能

HDR（ハイダイナミックレンジ）は、一度のシャッターで露出の異なる複数の写真を撮影し、自動で色鮮やかな写真に仕上げてくれる機能です。

普通のカメラだと明るすぎて白飛びしてしまう箇所や、暗くて見えなくなってしまう箇所も、きれいに表現された写真を撮影できます。

風景写真や暗い場所で撮影する際はマストの機能です。

ホーム画面の設定→カメラ→スマートHDR（自動HDR）からオンオフを切り替えられます。

❸ポートレート

iPhoneのカメラには通常の写真撮影とは別に、**背景をぼかして被写体を際立たせてくれる「ポートレート」という撮影モード**があります。

カメラを開いてスワイプすればモードの切り替えが可能です。

背景をぼかすことで自然と被写体に視線がいくだけでなく、簡単に雰囲気のある写真を撮影できます。

POINT

HDRやポートレートモードで撮影し、
編集機能で明るさや彩度などを細かく調節する。

POINT ⑤ フリー素材を活用する

投稿作成の際は自分で撮影した写真を使うことをおすすめしていますが、アカウントのジャンルや投稿テーマによっては、フリー素材の写真やイラストを使う場合もあるかと思います。

おすすめのフリー素材サイトをいくつか紹介します。

	サイト名	URL	特徴
写真	O-DAN	https://o-dan.net/ja/	世界中にある複数のフォトストックサイトから、フリー素材を一括検索できるサイト。まずはこのサイトで検索するとスムーズ。海外っぽいおしゃれな画像も見つけやすい。
	GIRLY DROP	https://girlydrop.com/	ガーリーな写真・素材を多く掲載しているフリー素材サイト。人物が写っている写真も多い。女性向けの投稿を作る際におすすめ。
	写真AC	https://www.photo-ac.com/	日本人のフリー素材が多く、使いやすいサイト。無料会員だと1日のダウンロード数が9点までに制限されている。関連サイトに「イラストAC」や「シルエットAC」などがある。
イラスト	shigureni free illust	https://www.shigureni.com/	素朴で可愛い、女の子のイラスト素材を掲載しているサイト。シーン別に一覧表示できる。親しみやすいデザインを作りたい人におすすめ。
	ソコスト	https://soco-st.com/	シンプルで汎用性のあるイラストが多数用意されているサイト。サイト上で色を変更してダウンロードできる。
	Open Peeps	https://www.openpeeps.com/	海外のイラスト素材サイト。複数のキャラクターが入ったイラストパッケージが用意されており、キャラクターの髪型や服装、アクセサリーなど細かくパーツ分けされたデータもある。

POINT

フリー素材の写真やイラストを用意し、
投稿作成の時間を短縮する

素人でもできるデザイン作成の5つのポイント

デザインの元となる写真素材を用意できたら、いよいよデザインを作成していきます。

フィード画像のデザイン作成は、オンラインやアプリで使える**無料のデザインツール「Canva」がおすすめ**です。
豊富なテンプレートや素材を利用できるので、初心者でもおしゃれなデザインを簡単に作れます。

POINT ① 競合アカウントのデザインを真似る

一流のデザイナーであっても**ゼロからオリジナルのデザインを生み出すのは難しい**です。

オリジナリティはいろんなパターンのデザインをたくさん見て、地道に真似をして、デザインの感覚を体に覚え込ませることができた先にあります。

企画や写真撮影と同様に、基本的には参考のデザインをベースにして、徐々に自分流にアレンジしていきましょう。

デザインを参考にする際は、1つのデザインを真似ると丸パクリになってしまうので、**3つの参考デザインを用意**してください。

第1章の初期設計で見つけた自分と同じジャンルの競合アカウントから、**①レイアウトの参考②配色の参考③フォントの参考**になる投稿をピックアップします。

①②③をそれぞれ組み合わせれば、オリジナルデザインの完成です。

POINT

競合アカウントの投稿のデザインを見て、
レイアウト・配色・フォントを抽出して組み合わせる

POINT ② 別ジャンルで伸びているデザインを取り入れる

基本的なデザインスキルが身についてきたら、次は差別化を意識します。

同じジャンルの投稿は同じようなデザインになりがち。

発見タブや検索画面で見たときに、どれがどのアカウントの投稿か分からない状態になっています。

王道のテーマ×王道のデザインは伸びる可能性が高い一方、他の投稿に埋もれてしまうので、アカウントの成長に時間がかかるケースも。

しかし、デザインで差別化したいからといって、思いつきでオリジナリティをプラスしても伸びない可能性が高いです。

別のジャンルですでに伸びているデザインを自分のアカウントに流用し、バズる可能性を担保しながら差別化することをおすすめします。

例えば、転職ノウハウを発信するアカウントで「履歴書の書き方」がテーマの投稿を作成するとします。

このテーマに、スマホ裏技系のアカウントでよく見る「画面にスマホが映り込んでいる構図」「特定の箇所を丸や矢印で強調するデザイン」と、コスメ系のアカウントでよく見る「これヤバイ」というキャッチコピーを組み合わせてみましょう。

以下のように、他の投稿のサムネイルとは全く違うインパクトのあるデザインができあがります。

別ジャンルで伸びているデザインを流用

別のジャンルは何でも良いわけではなく、自分のアカウントジャンルや投稿において**絶対に外せない条件を書き出し**たうえで、その条件を満たす**ジャンルで伸びている投稿をリサーチ**します。

例 スマホの裏技を解説するアカウント

外せない条件

- 1台のスマホが写っている
- スマホの画面は大きく見える必要がある
- 人の手は写っても写らなくてもOK

▼

デザインを流用するジャンル

- **コスメ→**

化粧品が大きく写っているデザインが多く、手が写ったり写っていなかったりするので、条件に合う。

- **暮らし→**✕

部屋の写真に白文字を乗せるデザインが主流なので、1台のスマホを写す条件と合わない。

なお、デザインが差別化できているかどうかは、サムネイル（1枚目の画像）が9割を占めます。

2枚目以降の画像は他の投稿と似ていても構いません。

POINT

自分のアカウントジャンルの条件を満たす別のジャンルで伸びているデザインを取り入れて、1枚目の画像を差別化する

POINT ③ 色数を減らす

デザインに使う色数は、**白・黒＋2色まで**に抑えます。

使う色の数を増やすほど相性の良い色を選ぶ難易度が上がり、テクニックや経験がないと見にくいデザインになってしまいます。

使う色を選ぶポイントは3つ。

❶ターゲットに合わせる

丁寧な暮らしを求める女性向けのアカウントならくすみ系カラー、若年層向けのアカウントなら鮮やかでコントラストの強いカラーなど、**ターゲットに合わせた配色**を行います。

❷投稿内容に合わせる

例えばグルメ系の投稿には、青や紫などの寒色系より、赤やオレンジなど食欲をそそる暖色系が適しています。**投稿内容のイメージに合う配色**を意識しましょう。

配色を決める際は**Pinterest**が役立ちます。「○○（画像のテーマや写真に写っているものなど）デザイン」と検索すると、参考になる画像が出てきます。

❸フォントの色にメリハリをつける

フォントの色がすべて同じ色だと、どこか垢抜けないぼんやりとした印象になります。

濃い色の背景＋白や明るい色のフォントと、濃い色のフォントを織り交ぜるなど、統一感を出しながらもメリハリをつけましょう。

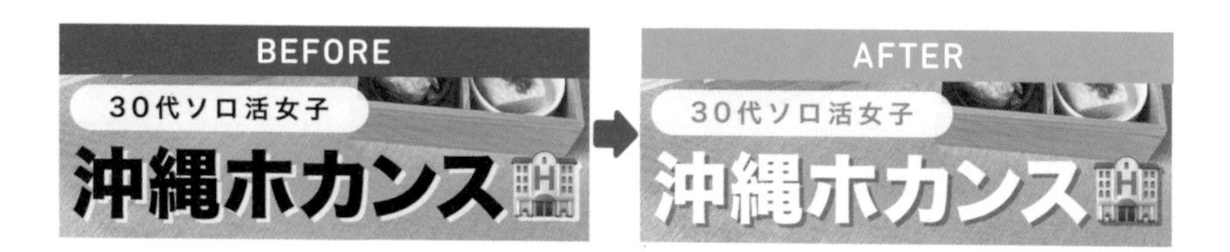

POINT

デザインに使う色は、ターゲットや投稿内容に合わせて白と黒を除く２色まで選び、メリハリをつけて配色する。

POINT ④ フォントにもこだわる

デザインを作成する際はフォントの種類やサイズ、配置にもこだわりましょう。ポイントは次の４つです。

❶日本語フォント１種類＋英語フォント１種類

フォントは複数の種類を使わず、**視認性が高くアカウントの雰囲気に合うフォントを日本語と英語で１種類ずつ選んで使用**します。

また、**英語や数字には日本語のフォントを使用しない**ようにすると、プロっぽいデザインに仕上がります。

❷サイズに強弱をつける

すべてのフォントサイズが同じだと、窮屈なデザインになり、パッと見て内容が伝わりにくいです。

重要なキーワードや数字はサイズを大きくしてインパクトを出します。「て」「に」「を」「は」「の」「が」などの助詞、「%」「円」「選」などの単位、「とは」「です」などの添え言葉はサイズを小さくしてメリハリをつけます。

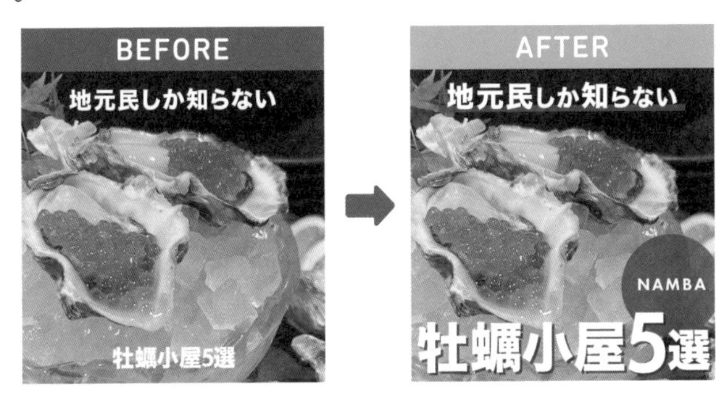

❸グルーピング＆左右を揃える

テキスト情報をグループに分けて、同じグループのフォントは**左右どちらも縦のラインが揃うようにフォントサイズを調整**すると、美しいデザインに仕上がります。

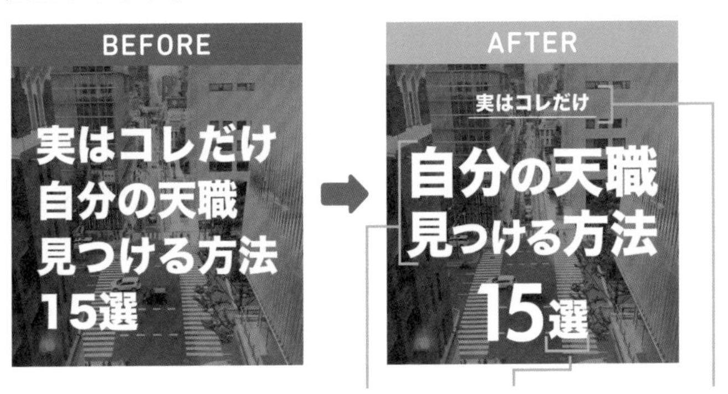

❹装飾はできるだけ少なくする

1枚目の画像においてキャッチコピーを目立たせることは大切ですが、過剰な装飾は逆にダサいデザインに見えてしまう場合があります。

影や輪郭線をつけるなどの最低限の装飾を行って視認性を優先しつつ、シンプルなデザインに仕上げましょう。

POINT

フォントは使用する種類や装飾を控えめにし、サイズや揃え方でメリハリをつける

POINT ⑤ 視認性を上げる

Instagramの文字入れデザインにおいて、キャッチコピーのつけ方やデザインのテクニック以前に、**目立つこと・文字が読めること**が前提条件です。

どんなに良いキャッチコピーや良いデザインを作っても、視認性が低いと発見タブや検索画面で小さく表示されたときにタップされません。

例えば白っぽい背景に白文字を小さく配置したシンプルなデザインは、海外インテリアの英語のポスターであればおしゃれですが、Instagramだと誰にも見てもらえない残念なデザインになってしまいます。

背景色とフォントカラーはコントラストを強くする、写真の上に文字を乗せる場合は半透明の黒や白を背景に置く……など**読みやすくする工夫**が大切です。

作成したデザインは、載るかもしれない発見タブやハッシュタグ検索の人気投稿一覧に合成してみて、頑張らなくても文字が読めるかどうか確認しましょう。

POINT

小さく表示された時にも目立ち、無理なく文字が読める
視認性の高いデザインを作成する

手を抜きがちなキャプション作成の5つのポイント

最近のInstagramでは、ハッシュタグ以外のキャプションの内容も検索結果に影響するようになりました。

今後ますます検索の精度が上がり、Googleのように**ある程度の文字量やキーワードが自然に文章中に含まれていること**が重視されるようになると予想されます。

企画や画像作成と比べ、キャプション欄（画像の下に表示される説明文）は手を抜く人が多い場所です。

「たかがキャプション」と侮らず、ハッシュタグと共に丁寧に作成しましょう。

POINT ① 今日から使えるキャプションの型

最初に基本的なキャプションの型を作成しておくと、スムーズに文章を作れます。

キャプションの構成

①	キャッチコピー＋@ユーザーネーム	他の投稿も見たくなるようなキャッチコピーを入れ、プロフィールアクセスを促す。 例：本当は教えたくないお掃除テク➡@ID → POINT3 へ
②	キャプション本文	投稿画像には記載されていない、補足情報や属人性の高い情報を入れ、ファン化を狙う。 キャプションで最も NG な内容は「スライド画像と同じ内容が記載されている」こと。 もう画像で分かっている内容が書かれていても魅力的に感じません。どんな思いでこの投稿を作ったのか、投稿には入っていない裏話などを「自分の言葉で」「自分の口調で」記載するのがポイント。 → POINT2 へ
③	アカウント紹介＋@ユーザーネーム	最後にアカウント紹介を行いましょう。アカウントの特徴や発信内容を記載し、プロフィールアクセスを促す。 「誰が」「どんな内容を」「どんな思いで」「誰に向けて」発信しているのかを明確に、魅力的に記載しましょう。 → POINT3 へ
④	ハッシュタグ	投稿内容に関連したハッシュタグをピックアップし、スモールタグ・ミドルタグ・ビッグタグをバランスよくつける。 → POINT4, POINT5 へ

POINT

キャプションはキャッチコピー→本文→アカウント紹介→ハッシュタグの流れで作成する

POINT ② キャプションでオリジナリティを出す

投稿の画像を見るだけでなく、**キャプションまで読んでくれるユーザーは「この投稿・アカウントのことをもっと知りたい」と思ってくれている＝ファンになってくれる可能性が高い**です。画像と同じ内容が記載されているだけでは魅力的に感じてもらえません。

キャプションは、画像だけだと表現しにくい**投稿者の性格やキャラクターを表現**できる貴重な場所。
その投稿を作った想いや画像には入っていない裏話など、**人間味を出せる内容を自分の言葉で、アカウントの雰囲気に合う絵文字を使って書く**ことが大切です。

その他、画像では説明しきれなかった補足情報もキャプションに入れます。例えば、カフェ紹介アカウントでメニュー写真をメインで投稿している場合は、お店の名前や住所、営業時間などの店舗情報もキャプションで網羅してあげると親切です。

POINT

キャプションには画像と同じ内容ではなく、属人性の高い情報や補足情報を入れる

POINT 3 キャプションでアクションを促す

キャプションの冒頭には、**他の投稿も見たくなるような強いキャッチコピー＋@ユーザーネーム（自分のアカウントのメンション）**を入れます。

例

本当は教えたくないお掃除テク▶@〇〇〇

@〇〇〇👈見逃すと損する東京の最新グルメ情報

キャプション本文の後ろには**アカウントの紹介文＋@ユーザーネーム**を入れます。

「誰が」「誰に向けて」「どのような内容を」「どのような想いで」発信しているのかを明確に、かつ魅力的に記載しましょう。

例

「今日から使える東京カフェ＆グルメ情報」を毎日発信！

・今日何食べよう？

・週末のデートどこ行こうかな

そんな悩みをまるっと解決💡

それでも迷う人のために…

DMでお店選びのご相談受付中📥

コチラから▶▶▶@〇〇〇

また、**いいねやコメントを誘導するような一文**も効果的です。

例

◯◯についてどう思う？コメントで教えてね！
皆さんのおすすめのお店があればシェアしてください♪
かわいいと思ったらいいね♡

このように、キャプションでもしっかり導線設計を行えば、ユーザーをコントロールして**フォローやいいねなどのアクションにつなげる**ことができます。

POINT

キャプションにアカウントの紹介文やいいね・コメントの誘導文を入れると、フォローやエンゲージメントを獲得できる

POINT ④ 関連性の低いハッシュタグを付けない

キャプション欄の最後には、**投稿内容との関連性が高いハッシュタグを5～10個程度記入**します。

「さまざまなハッシュタグをつけたほうがより多くのユーザーに見てもらえるのでは？」という考えは誤りです。

Instagramの目的は媒体力を高め、より多くのユーザーに利用してもらうこと。

何かを検索する際に、Googleなどの検索エンジンや他のSNSではなく、Instagram を使ってほしいと考えています。

ユーザーが関連性の低いハッシュタグをつけると、検索結果が滅茶苦茶になり、その結果利用するユーザーが減ってしまう恐れがあります。

そのため、**関連性の低いハッシュタグのついた投稿はアルゴリズム上リーチが伸びにくくなっている**のです。

ユーザーに見てもらえたとしても、検索意図と違う投稿では**エンゲージメントを獲得できません。**

関連性の低いハッシュタグは避け、関連性の高いハッシュタグを厳選してつけることをおすすめします。

POINT

関連性の高いハッシュタグをつけ、
リーチやエンゲージメントを獲得する

POINT ⑤ ハッシュタグの投稿数を意識する

ハッシュタグごとに、そのタグがついている投稿の数（ボリューム）が異なります。

ハッシュタグは投稿数によって次の 3 種類に分けられます。

- **スモールタグ：投稿数 1 万件以下**
- **ミドルタグ：投稿数 1 〜 10 万件**
- **ビッグタグ：投稿数 10 万件以上**

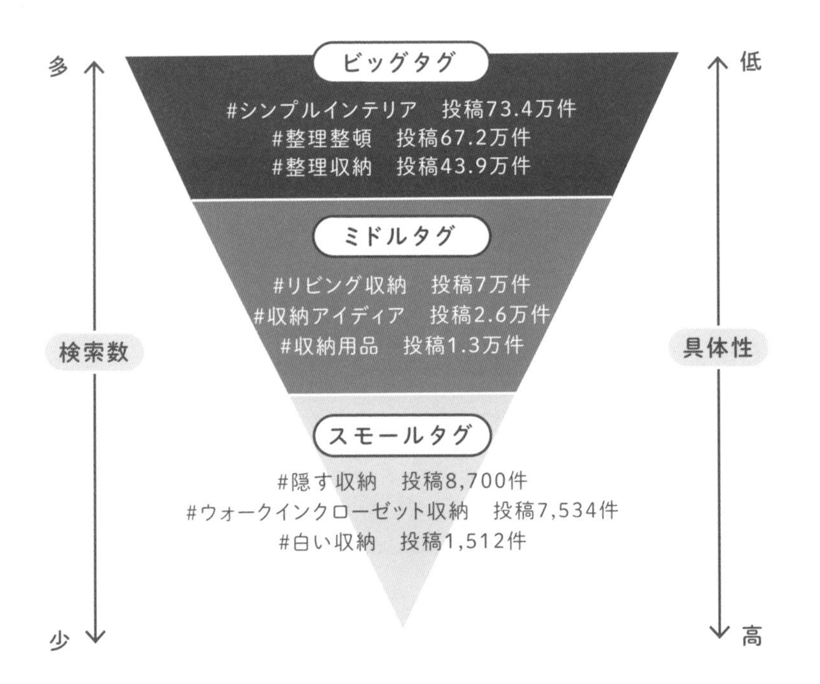

よくある勘違いが、「人気のハッシュタグ＝ビッグタグをつけると伸びる」という考え。

ビッグタグほど検索するユーザーが多いですが、投稿数が多い＝ライバルが多いので上位表示されにくいです。

反対にスモールタグはライバルが少なく、上位表示されやすいですが、投稿数が少なすぎると検索されません。

アカウントの規模に合わせて、投稿数の異なるハッシュタグをバランスよくつける必要があります。

例えば、フォロワー数が5,000人のアカウントであれば、スモールタグ・ミドルタグ・ビッグタグを2～3個ずつつけることをおすすめします。

フォロワー数やエンゲージメントが高まるにつれ、投稿数の多いハッシュタグの割合を徐々に増やしましょう。

POINT

アカウントの規模に応じて、投稿数の異なるスモールタグ・ミドルタグ・ビッグタグの割合を調整する

PDCAサイクルを回すインサイト分析の5つのポイント

企画を立て、複数枚投稿の構成を考え、画像とキャプション・ハッシュタグを作成したら、投稿して完了！

……ではなく、インサイトを分析して次の投稿作りに活かすことが重要です。

インサイトとは、リーチ数やフォロワーの属性などアカウントと投稿に関わるさまざまな情報を確認できる機能。

インサイトを見るためには、プロアカウントへの変更が必要です。

プロフィール画面の「≡」→「設定」→「アカウント」→「プロアカウントに切り替える」をタップし、当てはまるカテゴリを選択すれば、インサイトを閲覧できるようになります。

インサイトの活用方法

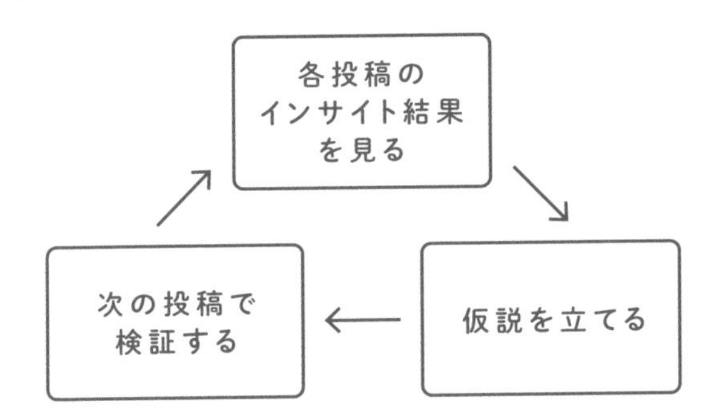

「各投稿のインサイト結果を見る→仮説を立てる→次の投稿で検証する」を繰り返すことで仮説思考が身につき、コンテンツが磨かれていきます。具体的には以下の流れでインサイト分析を行います。

❶投稿から24時間後に数値を記録する

エクセルやスプレッドシートに投稿の**リーチ数、いいね数、コメント数、保存数、プロフィールアクセス数、フォロー数を記入**します。

インサイト画面で数値を見るだけでなく、重要な数値のみを表に落とし込むことで分析しやすくなります。

投稿後どのくらいの時間が経った時点で記録を行うかは、アカウントのジャンルや規模、アルゴリズムの変化によって伸び方に差があるため任意ですが、24時間後がおすすめです。

❷5つの数値を計算する

①で記録した数値をもとに、**保存率、エンゲージメント率、フォロワー閲覧率、プロフィールアクセス率、フォロワー転換率**を計算します。

各数値の計算方法や見直しポイントは後述しますが、平均的な数値は次の図のとおりです。フォロワー数やジャンルによって異なるため、あくまで目安として参考にしていただき、「良い」のレベルを目指しましょう。

	保存率	エンゲージメント率	フォロワー閲覧率	プロフィールアクセス率	フォロワー転換率
要改善	～1%	～2%	～20%	～1%	～3%
普通	1～2%	2～3%	20～30%	1～2%	3～5%
良い	2～3%	3～5%	30～40%	2～3%	5～6%
非常に良い	3～4%	5～8%	40～50%	3～4%	6～8%
インフルエンサーでも難しい	4%～	8%～	50%～	4%～	8%～

❸仮説を立てる

②の結果から、**良かった投稿と悪かった投稿**をピックアップ。

それぞれの共通点を探し、「なぜ伸びたのか？」「なぜ伸びなかったのか？」の仮説を立てます。

テーマ、キャッチコピー、写真、デザインなどさまざまな観点から投稿をチェックしましょう。

❹次の投稿を作る

③で立てた**仮説をもとに新しい投稿を作成し、仮説が正しかったのかを検証**します。

①～④を継続して行うことが大切です。

POINT

インサイトのデータをもとに良かった投稿・悪かった投稿の共通点を見つけ、仮説を立てて次の投稿で検証する

POINT ① 保存率

保存率 ＝ 保存数 ÷ リーチ数 × 100

保存率とは、**投稿がどのくらいの割合で保存されているのかを示す指標**です。

5つの数値のなかで最も重要である、と言っても過言ではありません。

繰り返しになりますが、Instagramでは滞在時間を重要視しています。

滞在時間をインサイトで確認することはできませんが、確認できる「保存」は投稿を見返すために行う行為で、滞在時間が長くなることが予想されます。

保存率の高い投稿＝ユーザーの滞在時間が長い投稿であると見なされ、Instagramが積極的にユーザーにおすすめし、リーチ数を増やしてくれます。

投稿を見てもらえるかどうかには、1枚目の画像のキャッチコピーやデザインが大きく関わっていますが、保存率にはあまり関係ありません。

保存率の高い投稿があった場合は、**他の投稿と何が違うのか？**を客観的に分析しましょう。

チェックすべきポイント

- テーマ自体が良かった
- 最後のまとめ方が分かりやすかった
- 他に出回っていない情報を入れていた
- キャプションに裏話を入れた
- 自分で撮影した写真を使った
- 画像だけでなく動画も入れた
- 最終画像で保存を促した　など

保存率が低い投稿の見直しポイント

●ペルソナ設計がきちんと行えているか？

初期設計のステップのひとつであるペルソナ設計が正しいかどうか、改めてチェックします。また、設計したペルソナにとって需要のある内容になっている必要があります。

●情報量は少なくないか？

投稿の情報量が少ないと、ユーザーは見て覚えられるので、わざわざ保存する必要がありません。

静止画だけでなく動画も入れる、できる限り10枚（フィードの投稿枚数の上限）作成するなど、情報量を増やす工夫を行いましょう。

●見返す必要のある情報になっているか？

一度見ただけでは覚えきれない情報量にすることも保存率を高めるテクニックのひとつではありますが、ただ情報を文字で詰め込んだだけの投稿はNG。有益な情報を見やすく整理し、「後で見返してやってみよう」という気持ちにさせる必要があります。

専門的な知見・経験を解説したノウハウ系の投稿や、何かしらの手順・やり方を解説したハウツー系の投稿は、そのような気持ちを誘発できるのでおすすめです。

> POINT
> ターゲットに合った有益な情報をまとめた投稿を作り、
> 保存率を高める

POINT ② エンゲージメント率

エンゲージメント率 ＝（いいね数＋コメント数＋保存数）÷ リーチ数 × 100

エンゲージメント率とは、**投稿がどのくらいの割合で反応されているのかを示す指標**です。

エンゲージメント率が高い投稿ほど、Instagramに質の良い投稿であると評価され、リーチ数が伸びます。また、ユーザーの興味関心の度合いを知ることができ、次の企画を立てる際に役立ちます。

エンゲージメント率が低い投稿の見直しポイント

● 有益性があるだけでなく、共感につながる投稿になっているか？

投稿者が増えた現状のInstagramでは、ユーザーにとっての有益性のレベルが上がっています。

有益性だけでなく、共感を生む内容にすることで、いいねやコメントを獲得しやすくなります。

共感を生むためには、画像やキャプション、ストーリーズやプロフィールでできるだけ属人性を出すことが大切です。

●関連度の高いユーザーとコミュニケーションをとれているか？

同じジャンルのアカウントや、自分のジャンルに興味がありそうな見込み客ユーザーとは、積極的に交流するようにしましょう。

無差別ないいね周り（他ユーザーの投稿にいいねをして自分のアカウントを認知させること）や意味のない相互フォローはNGです。

●アクション誘導ができているか？

最終画像やキャプションでいいね・コメント・保存を促すことにより、エンゲージメント率が高まります。

●魅力的なサムネイルになっているか？

エンゲージメントの中でも、コメントや保存を獲得するためには明確な動機（投稿の中身や全体のクオリティ）が必要です。

一方、**いいねであれば1枚目の画像のデザインが良ければ獲得できます**。ペルソナに合ったキャッチコピーや写真を用い、魅力的なデザインを作りましょう。

POINT

有益性＋共感できる内容かつペルソナに刺さるサムネイルで投稿を作り、コミュニケーションやアクション誘導を行うことで、エンゲージメント率を高める

POINT ③ フォロワー閲覧率

フォロワー閲覧率

＝（フォロワーによる閲覧数（リーチ数））÷（フォロワー数）× 100

フォロワー閲覧率とは、**投稿が自分のフォロワーのうち何人に見てもらえたのかを示す指標**です。

Instagram は滞在時間を延ばすために、他者との交流を重視しています。

フォロワーとの交流が盛んなアカウントは、フォロワー閲覧率が上昇し、フォロワー以外のユーザーにも露出しやすくなると言われています。

また、フォロワー閲覧率が高いアカウントはフォロワーとの親密度が高い＝フォロワーの質が良く、**マネタイズしやすい**です。

フォロワー閲覧率が低い投稿の見直しポイント

●アカウントのコンセプトから外れていないか？

有益な情報であっても、アカウントのコンセプトと一致しておらず、他の投稿やプロフィールと整合性がとれていないとフォロワーに見てもらえません。

フォローしてくれている理由を考え、フォロワーの求める情報を発信する必要があります。

●ストーリーズでフォロワーと交流しているか？

ストーリーズは基本的にフォロワーだけが見る場所です。

ストーリーズでフォロワーと積極的にコミュニケーションをとり、親密度を上げることで、投稿がフォロワーに優先的に表示されるようになります。

POINT

ストーリーズを活用してフォロワーとの親密度を高め、アカウントのコンセプトに合う投稿を作ることで、フォロワー閲覧率を高める

POINT 4 プロフィールアクセス率

プロフィールアクセス率

＝ プロフィールへのアクセス数 ÷ リーチ数 × 100

プロフィールアクセス率とは、**投稿を見た人のうち何人にプロフィールを見てもらえたかを示す指標**です。

ユーザーは多くの場合、「投稿を見る→プロフィールを見る→フォローする」の流れでフォロワーになります。

プロフィールを見るユーザーの母数を増やす、つまり**プロフィールアクセス率を高めることは、フォロワーを増やすことに直結**します。

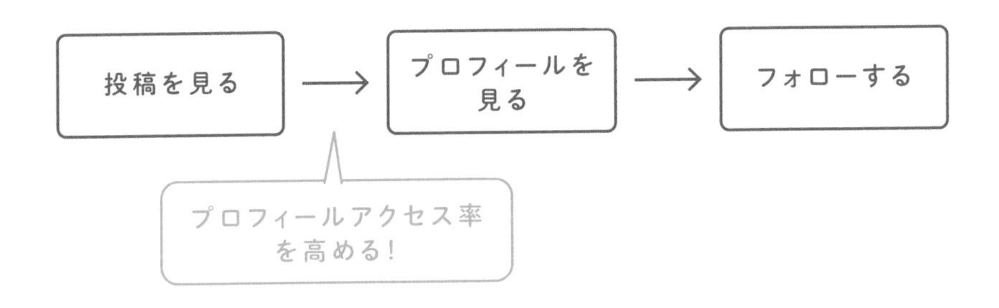

良質な情報が多い今のInstagramでは、ユーザーは発見タブや検索画面で見つけた1つの投稿が気に入ったとしても、すぐに別の投稿に移動してしまいます。

1つの投稿を見たユーザーに「この人の投稿をもっと見たい」「投稿者はどんな人なんだろう」と思ってもらえる投稿を作る必要があります。

プロフィールアクセス率が低い投稿の見直しポイント

●投稿内でアカウントの紹介ができているか？

フィードの最終画像やキャプションにはアカウントの紹介文を入れます。「誰が」「誰に向けて」「どのような内容を」「どのような想いで」投稿を作っているのかが分かる文章や、アカウントの特徴や発信内容を端的に表すキャッチコピーを入れるといいでしょう。

●他の投稿を見てもらうための導線を作れているか？

プロフィールアクセスを促す導線の基本は、反応が良かった過去の投稿を最終画像で紹介すること。

その他、「買ってよかったもの6位〜10位／1位〜5位」「やるべきこと◯選 前編／後編」のように1つのテーマを2つに分けたり、「◯話完結」「お部屋がきれいになるまであと◯日」のようにストーリー仕立てにしたりと、最終画像で次回予告を行う手法も有効です。

●プロフィールにアクセスするメリットはあるか？

投稿を見たユーザーにとってプロフィールにアクセスするメリットがなければ、わざわざアカウントを回遊してもらえません。

メリットとして、自分のジャンルに合うプレゼント（暮らしアカウントなら「入居前にやることリスト」など）を用意するテクニックもあります。

プレゼントの受け取り方をハイライトにまとめ、フィードの最終画像に「受け取り方法はこちら（ハイライト）」と案内を入れておけば、半強制的にユーザーをプロフィールに遷移させられます。

POINT

画像やキャプションでアカウントや他の投稿の紹介を行い、アカウントに興味を持ってもらえる投稿やプレゼントを作ることで、プロフィールアクセス率を高める

POINT ⑤ フォロワー転換率

フォロワー転換率

= フォロー数 ÷ プロフィールへのアクセス数 × 100

フォロワー転換率とは、**プロフィールに訪れたユーザーのうち何人にフォローしてもらえたのかを示す指標**です。

保存率やエンゲージメント率やフォロワー閲覧率が高い投稿はリーチ数が増え、より多くのユーザーの目に留まります。

さらにプロフィールアクセス率も高いと、多くのユーザーにフォローを検討してもらえるということです。

しかし、フォロー前の最後の一歩、フォロワー転換率が低いと、ここまでの良い流れがすべて無駄になってしまいます。

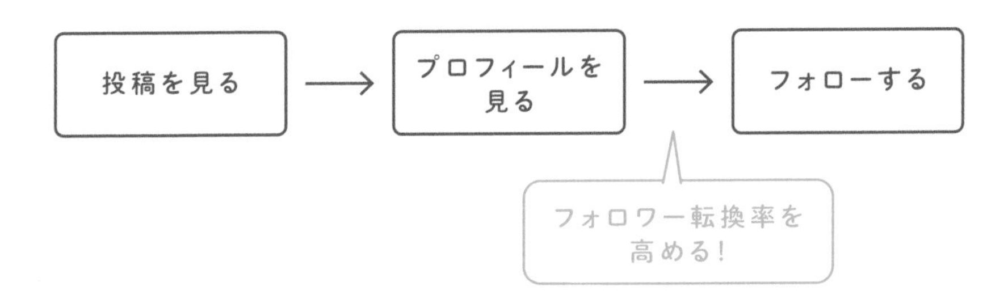

投稿がバズってもフォロワーが増えないときは、プロフィールアクセス率とフォロワー転換率を見直しましょう。

自分の投稿やアカウントに足りないものを見つけてすぐに改善し、フォロワー増加のチャンスを逃さないようにしてください。

フォロワー転換率が低い投稿の見直しポイント

●プロフィールを作り込めているか？

プロフィールの内容を、そのユーザーがプロフィールにアクセスする前に見た投稿と整合性のとれた状態にしておく必要があります。

第2章で解説しているプロフィールの10の構成要素すべてを整えておくことが大切です。

●他の投稿も有益か？

1つの投稿が有益でも、他の投稿のクオリティが低ければフォローされず、保存だけで離脱されてしまいます。

すべての投稿がユーザーにとって有益なものであるように、クオリティを均一化させましょう。

POINT

1つの投稿だけでなく、プロフィールや他の投稿も作り込むことで、フォロワー転換率を高める

フィードのチェックリスト

- □ フィードとリールの違いを理解し、投稿の割合を決める
- □ ストーリーズやDMでフォロワーと積極的にコミュニケーションをとる
- □ データ・数値や仮説、フォロワーの悩みをもとに企画を立てる
- □ 競合アカウントで伸びている投稿のうち、実行可能なテーマをもとに企画を立てる
- □ 季節のイベントやトレンドを意識して企画を立て、適切な時期に投稿する
- □ 他のSNSで人気のあるコンテンツをもとに企画を立てる
- □ 1枚だけでなく、複数枚の画像・動画で投稿を構成する
- □ PASONAの法則を意識した構成になっている
- □ 1枚目の画像には、心理学効果やペルソナのニーズを意識した13～15文字のキャッチコピーを入れる
- □ 2枚目の画像には、次のページを見進めてもらえるようなつなぎの内容を入れる
- □ 3枚目以降の画像はタイトル・写真・本文を配置したテンプレートを使い、効率的に作成する
- □ 最終画像の前に投稿内容全体をまとめたページを入れ、保存を促す

- [ ] 最終画像ではプロフィールアクセス、フォロー、保存などのアクションをいずれか1つ促す
- [ ] 参考写真や三分割法を意識して写真を撮影する
- [ ] 照明やカメラの機能を適切に活用し、クオリティの高い写真を撮影する
- [ ] 競合アカウントや別のジャンルで伸びている投稿のデザインを参考にする
- [ ] デザインに使う色数やフォントの種類は少なめにし、メリハリのあるデザインを作成する
- [ ] 小さく表示されても視認性の高いデザインになっている
- [ ] 1080ピクセル×1350ピクセルの縦長サイズで投稿画像を作成する
- [ ] 画像にはない情報やアカウントの紹介文、アクションを促す文章をキャプションに入れる
- [ ] 関連性が高く、投稿数の異なるハッシュタグを、アカウントの規模に応じて5～10個つける
- [ ] 投稿後に画像やキャプションが正しく反映されているかどうか確認する
- [ ] 投稿後にインサイトを確認してデータを記録し、5つの指標をもとに仮説検証サイクルを回す

※直接書き込みたくない人は、P318の読者特典をチェック!

3

4

5

第4章

リール＝金のなる木を育てて稼げるアカウントへ

SNSはショート動画の時代

視聴者にとっては動画の尺が短く、スマホの画面を横向きにせず気軽に視聴できるなどのメリットがある縦長ショート動画。

Instagramのリールだけでなく、YouTubeショートやTikTokなど各SNSは**テキストや画像よりもショート動画に注力**しています。

ショート動画クリエイターを支援する仕組みも整いつつあり、YouTubeショートやLINE VOOMには収益化機能が搭載されています。

日本版Instagramのリールには2023年9月時点で収益化の仕組みはありませんが、アメリカ版では「ボーナスプログラム※」が実装されています。

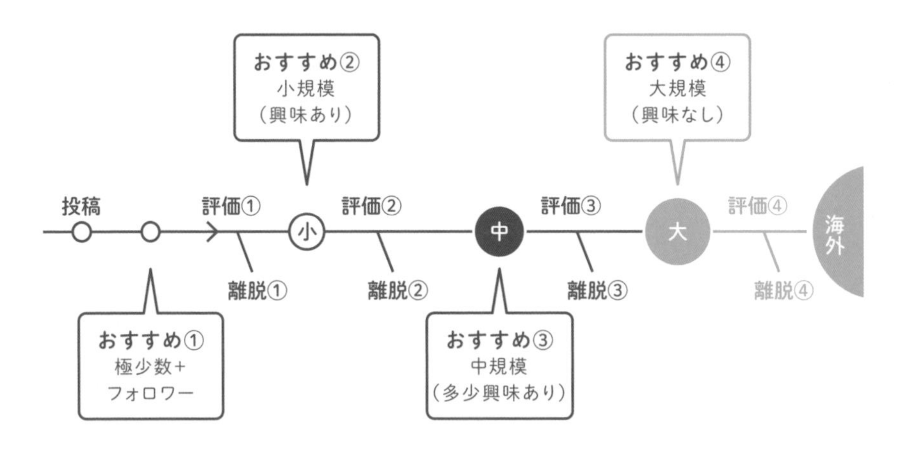

※ボーナスプログラムとは……100万人未満のフォロワーを持つ米国のクリエイターが、招待を受けた場合にのみ、リールの再生回数に応じて収益を得られる機能

リールを含むショート動画の多くは、AIによってその動画に興味を持ちそうなユーザーに**レコメンド表示（おすすめ表示）される仕組み**になっています。

投稿すれば自動で一定のユーザーに表示されるため、コンテンツの内容が良ければ**フォロワーを抱えていなくてもバズるチャンスがある**、ということです。

少し前までは「ググるからタグる時代へ」などと言われていましたが、検索よりもレコメンドに振り切った初めてのSNSであるTikTokの台頭により、最近では「タブる」という言葉が登場しています。

SNSの使い方が「タグる＝ハッシュタグ検索などを利用して自分で情報を探す」から、「タブる＝発見タブなどでSNSがおすすめしてくるコンテンツを見る」に変わりました。

2006年頃〜　**ググる**：Google（検索エンジン）で検索する

2017年頃〜　**タグる**：ハッシュタグで検索する

2021年頃〜　**タブる**：発見タブ（レコメンド機能）を利用して情報を得る

このような背景から、**昨今のSNSはショート動画の時代**であると言えるでしょう。

POINT

レコメンド機能のあるショート動画は、フォロワーが少ないアカウントでもリーチを伸ばせる可能性が高い

最近のInstagramではリールが有利

Instagramでは、発見タブとリールタブにレコメンド機能が採用されています。

Instagramで稼ぎたいなら、**まずは投稿を多くのユーザーの目に触れさせて、アカウントを認知してもらう**ことが第一歩です。

そのために、**レコメンド表示されるリールは有効な手段**になります。

リール機能がリリースされた2020年8月以前は、フォロワーの多いアカウントのフィード投稿が発見タブに載りやすい状況でした。

たくさんのフォロワーを抱えていて、フォロワーからのエンゲージメントを獲得できていれば、新たなユーザーに露出してますますバズる一方、フォロワーの少ない新規参入者にはチャンスが少なかったのです。

しかし、リールが登場してからは状況が一変。

フォロワーのいない新規アカウントでも、リール動画の内容が良ければ一気にリーチやエンゲージメントを伸ばせるチャンスがやってきました。

また、現在の発見タブにはフィードだけでなくリール枠や広告枠も追加されています。

フィードが表示される割合が減ったため、以前と比べて**フィードだけでリーチやフォロワーを獲得していくことが難しく**なりました。

第3章でも述べたとおり、これからInstagramに参入する場合はフィードよりもリールが有利です。

POINT

発見タブやリールタブにレコメンド表示されるリールは、新規参入者にとってフィードよりも有利

伝わる情報量は動画＞静止画

リールをおすすめするもうひとつの理由は、動画は静止画よりも伝わる情報量が多いからです。

情報伝達量をテキストと比較した場合、画像は7倍、動画は5,000倍だと言われています。

1分の動画から伝わる情報量は、テキストに換算すると約180万語、Webページに換算すると約3,600ページに相当するという研究結果※も存在します。

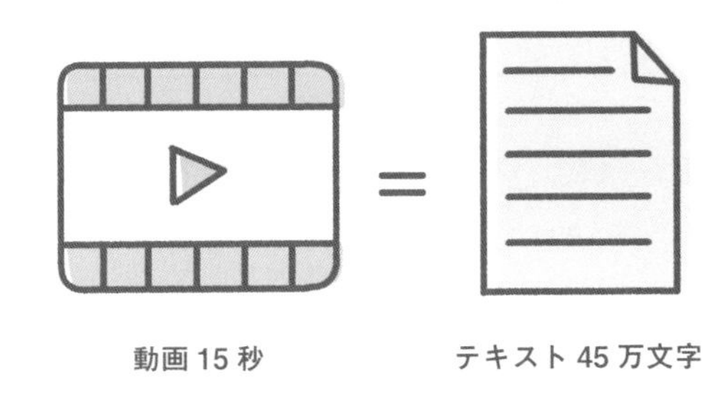

つまり、**動画（リール）なら静止画（フィード）では伝えきれない多くの情報を伝えられる**ということです。

静止画では伝えにくい運用者のキャラクターや属人性のある情報も、動画であれば話し方・声・動きなどで容易に伝えることができます。

表現の幅が一気に広がるため、エンターテインメント性が爆発的に高まり、後述するようなさまざまなフォーマットの誕生にもつながっています。

※アメリカの調査会社 Forrester Research の James L. McQuivey 博士が 2014 年 4 月に発表した研究結果

情報伝達量が多いぶん、動画に入れる情報が少ないと、静止画で表現した場合よりも内容が薄く感じられてしまう側面もあります。

一度再生しただけではすべてを理解しきれないくらいの情報を詰め込むと、有益性が高まり、リピート再生も促せるのでおすすめです。

POINT

フィード（静止画）では伝えきれない情報も、
情報伝達量の多いリール（動画）なら伝えられる

バズるショート動画を作る11ステップ

リール投稿を作る際も、フィードと同じように企画を考え、キャッチコピー（タイトル）を決めてからコンテンツを作ります。企画の立て方やキャッチコピーのつけ方については第3章をご参照ください。

ここではリール作成特有の手順を解説していきます。

冒頭2秒の重要性

リールを作るうえで念頭に置いてほしいのが、**動画の冒頭2秒での興味づけが最も重要**であるということです。

レコメンド表示されるリールを見ているユーザーは視聴態度が受動的で、ほとんどの場合調べたいことや目的があって動画を視聴しているわけではありません。

「なんとなく」リールタブや発見タブを眺めているので、動画を2秒ほど見て面白くなさそうだと判断されれば、すぐにスワイプ（次の動画に移動）されてしまいます。

リールの冒頭２秒は、フィードにおける１枚目の画像と同じくらい重要です。

最初の２秒間で「可愛い！」「なにこれ？」「びっくりした！」などユーザーの感情を揺さぶる＝興味を惹くことができなければ、動画の後半がどれだけ面白くても続きを見てもらえません。

ユーザーにできるだけ長く視聴してもらい、**滞在時間を引き延ばす**ために、レコメンド表示で流れてきたときに思わず指が止まってしまうような動画を作る必要があります。

リールもフィードと同じく**競合分析が基本**です。

最初からオリジナルで作ろうとせず、**①構成の参考②デザイン（テロップなど）の参考③キャラクター（台本）の参考になる動画をそれぞれ探し、自分の動画に落とし込んで**いきましょう。

競合アカウントを含めたさまざまなジャンルの動画を閲覧し、どのような動画がバズっているのか、冒頭２秒で惹きつけられる動画にはどのような特徴があるのか、自分なりに分析してみてください。

POINT

競合アカウントの動画を参考に、
冒頭２秒で興味をもってもらえる動画を作る

STEP 1 フォーマットを選ぶ

リールを含むショート動画には、すでにいろんな動画で使われていて**伸びる可能性が担保されているフォーマット（型）**が存在します。

フォーマットとは、**１つのアカウントで繰り返し使われていたり、真似しているユーザーが多い動画の構成**のことです。

競合分析や企画を経て、動画の大まかな内容（テーマ）を決めたら、そのテーマをはめ込むフォーマットを決めます。
フォーマットの選び方は主に3パターン。

❶参入ジャンルの定番フォーマット

ジャンルごとに相性の良いフォーマットが存在します。

競合アカウントをいくつかリサーチし、**どのアカウントでも共通して伸びている動画のフォーマット**を見つけてみましょう。

ジャンル	フォーマット例	詳細
掃除	ハイライト	動画内で紹介する掃除方法のうち、インパクトのある箇所を短い秒数で切り替えてハイライト化し、冒頭で紹介。その後、詳細な掃除方法を解説する。
料理	結果→過程	最初に完成品+料理名のカットを入れ、その後材料や調理工程を解説する。
カフェ紹介	ハイライト	内装、メニュー、食事風景などのうち、最もインパクトのある箇所を冒頭に持ってくる。(チーズがとろける様子、テーブルが水面のようなデザインなど)
ダイエット	ビフォーアフター	冒頭にビフォーアフターの比較+タイトルを載せ、その後ダイエット方法を解説する。

❷ジャンルを問わず流行っているトレンドのフォーマット

ショート動画で使われる**フォーマットは、楽曲と同じように流行があります**。

毎日リールやTikTokを眺めていると、ジャンルを問わず同じようなフォーマットを目にすることがあるはずです。

注目度の高まっているフォーマットを動画に取り入れることで、リーチが伸びやすくなります。

トレンドのフォーマットのオチを他の動画と少し変えて意外性を出す構成もおすすめです。

フォーマットのトレンドは日々移り変わっていますが、これまでに流行ったフォーマットの例をいくつか挙げます。

@4610_hotel

「僕は（私は）〇〇な〇〇」とキャッチーな自己紹介から始まり、その後動画の本題に入る。

@koharun_room

100 日後チャレンジ

「100 日後に〇〇になる〇〇」というセリフで始まる動画。「〇日目」「あと〇日」のように、100 日目までカウントダウンしながら順番に動画をアップしていく。

@rika_diy_home

実は私

「こう見えて、実は私」というセリフに続けて、自分の特徴や経験、お知らせなどを伝える。

❸別のジャンルでバズっているフォーマット

上級者向けのテクニックとして、**別のジャンルで伸びている動画のフォーマットを、自分のジャンルで伸びているテーマと掛け合わせる方法**があります。

別ジャンルのフォーマットを使うことで、競合アカウントとの差別化が可能です。

また、自分の参入ジャンルが比較的新しく、定番フォーマットが確立されていない場合にも有効な方法です。

いくつか例を挙げます。

別のジャンルで伸びているフォーマット	×	自分のジャンルで伸びているテーマ	=	差別化された動画
（ジャンル）カップルアカウント （フォーマット）モニタリング（隠し撮り）	×	（ジャンル）スマホの便利技 （テーマ）浮気を見破る方法	=	「浮気のことで喧嘩しているカップルの隠し撮り」の映像から始まり、その後スマホの画面と操作している手元を映して解説する。
（ジャンル）エンタメ （フォーマット）演者によるコント・トーク	×	（ジャンル）レシピ （テーマ）5分でできるズボラ飯	=	通常のレシピ動画は料理の完成品からスタートするが、「推しのライブがあと5分で始まるのに小腹が減ってマズイ！」というショートコントを挟んでから調理方法を解説する。
（ジャンル）エクセル （フォーマット）パソコン画面を映しながらの操作説明	×	（ジャンル）ChatGPT （テーマ）AI美女を作る方法	=	ChatGPTを使ってAI美女を作る過程を、パソコンの操作画面を映しながら解説する。

※新ジャンルの場合は近しいジャンルを参考にする。

リール作りに慣れてきたら、別ジャンルのアカウントで投稿されているリール動画もチェックし、自分のアカウントのテーマと組み合わせられないか検討してみてください。

難易度は高いですが、**競合アカウントの動画に埋もれないオリジナリティのある動画**を作ることができます。

フォーマットの統一

アカウント内のリールのフォーマットは統一することをおすすめします。
ひとつの動画を見て気に入ったユーザーは、似た動画を見たくてプロフィールへアクセスします。

最初に見た動画とその他の動画のフォーマットやデザインが統一されていないと、フォローに至りません。
同じフォーマットの動画が複数本投稿されていれば、他の動画の再生回数も底上げされ、フォローにつながる可能性が高いです。

POINT

多くの動画で使われているフォーマットを使い、バズる可能性を高める

STEP 2 構成を組み立てる

動画のフォーマットを選んだら、続いて構成を組み立てていきます。（もともと構成が決まっているフォーマットもあります）。

再生回数が伸びない場合、構成をうまく組み立てられておらず、面白くない＝視聴者の感情を動かせない動画になってしまっている可能性が高いです。

リールでもフィードと同じく、第3章で紹介したPASONAの法則を意識し、**短い動画の中でも視聴者の感情を揺さぶれるような構成**を作ります。

具体的な内容（台本）は次のSTEP3で解説します。

おさらい：PASONAの法則

- **Problem（問題）**
  ユーザーが抱えている問題や悩みを明確にする
- **Agitation（煽り）/Affinity（親近感）**
  悩みの本質を掘り下げて危機感を煽る、またはユーザーに共感して親近感を抱かせる
- **Solution（解決）**
  悩みの原因を明らかにし、解決策を提示する
- **Offer（提案）**
  解決策を簡単に実行できるような商品やサービスの提案を行う
- **Narrow down（絞り込み）**
  期間や数を限定し、今すぐに購入しないといけない理由を示す
- **Action（行動）**
  悩みを解決するためには具体的な行動が必要であることを呼びかける

PASONAの法則をリールの構成に当てはめると次の図のようになります。

PASONAの法則をもとに動画の構成を組み立て、再生回数・滞在時間を伸ばしましょう。

PASONAの法則を意識した構成

	ノウハウを発信しているアカウントの場合	ライフスタイルを発信しているアカウントの場合
P	強いタイトル（キャッチコピー）	強いタイトル（キャッチコピー）
A	思わず反論したくなる逆説	最後まで見せる工夫
S	ノウハウ提供	ノウハウ提供
O	悩み・疑問の代弁と解決	コメント誘導
N	ベネフィットの提示	
A		

POINT

PASONAの法則をもとに動画の構成を組み立て、再生回数・滞在時間を伸ばす

STEP 3 台本を作成する

ユーザーの興味を惹くため、そして情報量を増やして有益な動画に仕上げるために、**リールにはナレーションやテロップを入れること**をおすすめします。

動画を撮影する前に、撮影やナレーション・テロップの挿入をスムーズに行うための台本を作成しておきましょう。

台本の内容はジャンルやテーマによって異なりますが、基本的にはSTEP2で紹介したPASONAの法則に基づいた構成に沿って作成していきます。

台本の例

	ジャンル SNSのノウハウ テーマ SNSで稼ぐ方法	ジャンル 掃除 テーマ 入居前にやるべきこと
P	フォロワー1,000人で月100万円稼ぐ方法	今日は私が入居前にやらずに後悔したこと5選を紹介します。
A	SNSで稼ぐにはフォロワーが必要だと思うかもしれませんが、実はそれ、大嘘なんです。	特に最後が重要です！
S	アフィリエイトだとフォロワーの母数が多くないと売上が上がりませんよね。 この悩みを解決する方法があります。 それは、自社商品を作ることです。 もしあなたが英語が得意なら英会話のコーチング、ゴルフが得意ならゴルフレッスン、というように自分だけのオリジナル商品を作るんです。	①部屋にある傷の写真を撮る 退去時に不動産屋とトラブルになることが多いので、これは入居した瞬間に絶対やってください。 ②換気扇にフィルターを貼る 毎日使うキッチンはすぐに油でギトギトになるし、掃除はストレスになるから、換気扇にフィルターを貼ってお手入れしやすい状態にしましょう。 ③洗濯ホースにラップを巻く ここ、マジでめちゃくちゃホコリが溜まります。ラップを巻いて取り替えるだけで掃除もラクラクです。 ④排水溝の隙間を埋める 100均で買えるこの粘土で排水溝の隙間を埋めるだけで、年中ゴキブリ知らずに！ ⑤風呂場に防カビくん 2ヶ月に1回これをやるだけで風呂場がカビ知らずに！入居時からのルーティンにしましょう。
O	そんなことで本当に稼げるの？と思うかもしれませんが、ココナラをイメージしてみてください。 ココナラは個人がスキルを販売できるサイト。 これを自分のSNSでやればいいだけです。	みんなも入居前にやってよかったことをコメントで教えてください！
N / A	自社商品を作ることができれば、フォロワーが1,000人しかいなくても、高単価な自社商品を販売して月に100万円稼ぐことができます。	

先ほど「リールは冒頭２秒が重要」だとお伝えしたとおり、**台本作成においてはPASONAの法則の「P」にあたる「強いタイトル」が最も大切**です。

動画をスワイプする指が思わず止まり、最後まで見てしまうような強い訴求が求められます。

リールのタイトルの例

アカウントのジャンル	タイトル例	詳細
料理	・JKが作った ・彼氏の胃袋を掴む	誰が誰のために作ったのかを伝え、シーンをイメージさせる
	・10kg痩せた ダイエットメニュー	料理以外のジャンルを組み合わせて変化を加える
コスメ	・絶対使ったらダメ！ ・買って損した	動画を見ないことによるデメリットを訴求し、危機感を煽る
	・ドラコスVSデパコスの成分	対照的なものを比較し、疑問や悩みを解決する
ダイエット	・◯cm◯kgがダイエットした結果 ・◯ヶ月で◯キロ痩せた方法	具体的な数字を入れることで信ぴょう性や説得力、視認性を高める
掃除	・オキシ漬けでお風呂が茶色に	インパクトの大きい映像と共に、視聴者を驚かせる
	・実はこの商品 ・放置した末路	続きが気になるタイトルで惹きつけ、その後に意外性のあるワードを持ってくる
カフェ	・え、このカフェやばくない？	話しかけるようなワードで興味を惹きつける
	・特別な夜に行きたいカフェ５選 ・京都のお洒落カフェTOP10	網羅的にまとめて紹介することで、ユーザーが情報を探しやすくなる

POINT

**撮影・編集のもとになる台本を事前に作り、
キャッチーなタイトルを考える**

STEP 4 動画を撮影する

そしていよいよ、作成した台本をもとに動画素材を撮影します。
動画撮影のポイントは次の3つです。

❶画質に気をつける

第3章でも述べたとおり、画質は動画のクオリティを左右する要素のひとつ。画質が悪い動画や暗い動画は、内容が良くても離脱される可能性が高いです。
また、Instagramでは「ぼやけていたり、解像度の低い動画は推奨しない」と公式発表されています。**自然光または照明を活用し、鮮明できれいな動画の撮影**を心がけましょう。

❷できるだけ多くの素材を撮る

動画を飽きずに見てもらうためには、**こまめな画面転換・画変わりが必要**です。

1つのシーンをあらゆる方向・角度から撮る、引きと寄りを両方撮る、複数の撮影場所や登場人物を撮る……など、異なるアングルで撮影しておくと編集しやすくなります。
編集のタイミングで素材不足に気づくと再度撮影する手間が発生するため、できるだけたくさんの素材を集めておきましょう。

❸ツッコミどころを作る

コメントの多いリールほどユーザーの滞在時間が延び、Instagramに評価されてリーチが伸びます。

背景に意外なアイテムを置く、競合アカウントの投稿でいいねの多かったコメントをもとに共感性の高いネタを仕込む、動画に映り込んでいるものについてコメントしてピン留め（固定）する……など、あえて**ツッコミどころを作ることでコメントを獲得**できます。

> **POINT**
> **コメントを促す要素を入れ、高画質かつ豊富なアングルで動画を撮影する**

STEP 5 撮影した動画素材を編集する

撮影した動画素材を編集していきます。

どの編集ソフトを使っても構いませんが、無料かつスマホで簡単に使える動画編集アプリ「CapCut」がイチオシです。

動画編集のポイントは次の3つです。

❶ワンカットは3秒以内に収める

前述のとおり、ショート動画は画面転換が遅いと間延びし、視聴者に離脱されてしまいます。

基本的に**同じ画が3秒以上続かないように編集**し、テンポよく展開する必要があります。「内容は伝わるけれど一度では理解しきれない（リピート再生したくなる）」程度の情報量とスピード感がポイントです。

普通の動画よりも少し速く感じるスピードでカットを切り替えるようにしましょう。

例外：特定の人物が登場して話す動画

本人が出演してノウハウを発信する動画や、カメラマン目線で誰かにインタビューしている動画など、細かなカットの切り替えが必要ないテーマ・フォーマットも存在します。

このような動画は、画変わりが少ない代わりにテロップや効果音を活用することで、見ていて退屈しない内容に仕上げられています。

❷不要な箇所をカットする

発言・呼吸やシーンの間に発生する不要な部分は細かくカットして除きます。

話しているときに入る「えー」「あのー」といったつなぎ言葉や無音部分を含め、**不要箇所は0.1秒単位で削除し、必要な部分のみをつなぎ合わせる**ことで、テンポの良い動画に仕上がります。

❸動画の長さを60秒以内に収める

リール（ショート動画）はフィードよりも他のSNSに横展開しやすい点がメリットです。

リールには最長90秒の動画をアップロードできますが、**別のショート動画プラットフォームにも同じ動画を転用したいなら、60秒以内で作成**しましょう。

Instagram リール	TikTok	YouTube ショート	LINE VOOM
最長90秒	最長10分	最長60秒	最長60秒

ただし、Instagramでは明らかに他のアプリから再利用・転載された動画の投稿は推奨されていません。

リールには他SNSのロゴやウォーターマーク（透かし）が入っていない元動画を投稿してください。

台本の微調整

編集をしている途中で新たなアイデアが浮かんだり、尺の都合で入れられない部分が出てきたりすることがあります。

ナレーションやテロップを追加する前に、**編集したデータに合わせて台本を微調整**しておきましょう。

POINT

撮影した素材の不要な箇所は細かくカットし、動画の長さがワンカット3秒以内、全体で60秒以内に収まるように編集する

STEP 6 ナレーションを録音する

撮影した動画素材をつなぎ合わせて1本の動画にまとめたら、**台本を読み上げて録音**します。

動画編集アプリ「CapCut」には、アフレコ機能やボイスチェンジ機能も用意されています。

ナレーションは必須ではありませんが、最近は入っている動画が多いです。なぜなら、映像・テキストの**視覚的な訴求に加えて聴覚も同時に刺激でき、インパクトを与える**ことができるからです。

ナレーション録音時のポイントは次の3つです。

❶アカウントの雰囲気と一致させる

基本的には**やや速めのスピードで台本を読み上げ、テンポのいい動画に仕上げる**ことを推奨しています。

しかし、ナレーションの適切なスピード、抑揚のつけ方、感情の込め方などはアカウントのテイストや投稿者のキャラクターによって異なります。

例えば、シンプルな暮らし系やミニマリスト系のアカウントの場合、抑揚を抑えたゆったりとしたナレーションが適しているでしょう。

一方で、お得な節約術やインパクトのある掃除テクニックを紹介するアカウントの場合は、感情を込めて読み上げたほうが映像から受ける印象とマッチしそうです。

プロフィールや他の動画から読み取れる**アカウント全体の雰囲気と一致するように録音**しましょう。

❷台本を一度に読み切ろうとしない

動画の最初から最後まで通して録音しようとすると、映像のテンポとズレたり、噛んだりします。

慣れないうちはカット編集を前提に**一文ずつ読み上げて、あとからつなぎ合わせる**と録音しやすいです。

映像のカットが切り替わるタイミングとナレーションのタイミングは、調整して一致させるようにしましょう。

❸他のリール動画と音量を揃える

ナレーションの音量が他のアカウントのリールと比較して小さい、または大きい場合があります。

Instagram のリールタブを開いて**平均的な音量を確認し、自分の動**

画の音量と聞き比べながら調整が必要です。

特に、音量が小さいと動画の中身を見てもらえず離脱される可能性が高いので気をつけてください。

POINT

台本を一文ずつ読み上げて
アカウントの雰囲気に合うナレーションを録音し、
音量が他の動画と一致するように調整する

STEP 7 テロップを入れる

テロップとは、画面上に映し出される文字情報のことです。

動画にテロップを入れることで、音声オフで再生している視聴者にも内容を伝えることができます。

テロップ作成のポイントは次の3つです。

❶位置を固定する

動画全体を通して**テロップを入れる位置はできるだけ動かさず、視聴者の目線を固定させます**。

ただでさえ画変わりのある動画に動きのあるテロップを入れてしまうと、過剰な視線移動が発生して視聴者のストレスになるからです。

文字サイズを大きくする、横書きを縦書きに変更する、アニメーションをつけるなど**テロップに変化を出したい場合は多用せず、インパクトを出したいシーンのみ使用**しましょう。

❷伸びている動画のデザインを参考にする

フォントの種類や色、サイズなどテロップのデザインは、動画のクオリティを左右する要素のひとつ。

動画制作に慣れていない最初のうちは、**参考動画のテロップのデザインを真似する**ところから始めてください。

STEP1 で選んだフォーマットを使っている動画、アカウントジャンルやテーマが同じ動画をいくつかピックアップしてデザインの傾向を掴みましょう。

テロップデザインの構成要素

フォントの種類

1つの動画に使用するフォントは日本語1種類、英語1種類＋インパクトを出したいシーンに1種類までが望ましいです。

また、視認性の低いフォント（細い・クセが強いなど）や、動画の雰囲気と一致しないフォント（美容系なのに力強い太字系など）も適していません。

色

テロップに使用するフォントカラーは白または黒＋インパクトを出したいシーンや出演者によるセリフの違いを表現したい場合は変更します。

使用する色数が多いと動画がチープになり、見えづらくなってしまいます。

サイズ

小さすぎると読みづらく、大きすぎると動画の雰囲気に合わない場合があります。また、Instagram では大部分がテキストで覆われている動画は推奨されていません。

編集した動画と参考動画を見比べて、適切な文字サイズに調節しましょう。

❸ UIデザイン部分を避けて配置する

Instagramでリールタブを開くと、画面上部に「リール」の文字やカメラマークが、下部にユーザーネームやキャプションが、右下にいいね・コメント・シェア・詳細ボタンが表示されています。

このような**UIデザインと重なる位置にテロップを入れると、読みづらくなる**ため要注意です。

編集画面とリール画面を見比べるか、UIがほぼ同じTikTok用のチェックツール「Business Asset Studio」の活用をおすすめします。

POINT

テロップは他の動画を参考に種類・色・サイズを決め、UIデザインと重ならない一定の位置に入れる

STEP 8 音源を追加する

動画が完成したらInstagramの投稿画面を開き、音源を選びます。

一覧から**動画の雰囲気に合う楽曲を選択**し、他のリール動画を参考にして**ナレーションが聞き取りやすい音量に調節**しましょう。

公式発表では「人気の楽曲を使用することで露出を増やすこと（優遇）はしない」とされていますが、無名の楽曲よりも人気の楽曲のほうがユーザーの興味を惹くことができる可能性が高いです。

人気の楽曲やトレンドの楽曲は、次の3つの方法で探します。

❶ TikTokの音源選択画面を見る

移り変わりの激しいショート動画のトレンドはTikTokから生み出されます。**いち早く音源のトレンドをキャッチするなら、リールよりTikTokのリサーチがおすすめ**です。

TikTokのアプリを開き、画面下部の「＋」→上部の「楽曲を選ぶ」をタップすると、人気の楽曲や人気急上昇中の楽曲をチェックできます。

❷「Creative Center」を見る

「Creative Center」はトレンドの動画やハッシュタグ、楽曲などを確認できるTikTokの公式サイトです。

その楽曲に興味を持っているユーザーの年齢層や興味関心もチェックできるので、ターゲットに合わせて音源を選べます。

❸人気TikTokerが使用している音源を確認する

新たなトレンドはSNSを使いこなすZ世代から生まれることが多いです。Z世代から人気があるTikTokerが投稿している最新動画をいくつか確認し、特に再生回数の多い楽曲をピックアップしましょう。

人気 TikToker の例　なえなのさん（@naenano）、徳川家康さん（@minnakowaikarayada7）、浅見めいさん（@mei_asami_）、桜さん（@0808sakura）、MINAMI さん（@minami.0819）
※ 2023 年 9 月現在

POINT

音源には TikTok で人気かつ動画の雰囲気に合う楽曲を選び、ナレーションが聞き取りやすいように音量調節する

STEP 9 カバー画像を作成する

編集画面では、リールがプロフィール画面に一覧表示されるときのカバー画像（サムネイル）を個別に設定できます。

カバー画像を設定していないと、動画内の一部が自動でトリミングされ、そのままカバー画像として表示される仕組みです。

第 2 章でも解説しましたが、**プロフィールの統一感を出し、他のリール動画にも興味を持ってもらえるように、別途カバー画像を作成・設定**しましょう。

カバー画像作成のポイントは 2 つです。

❶他の投稿のデザインと統一する

別のリールのカバー画像や、フィードの 1 枚目の画像とデザインを合わせて作成する必要があります。

リールメインで展開する場合は、動画の名シーンのスクリーンショットとキャッチーなタイトルを組み合わせ、シンプルにデザインしても OK です。

❷正方形で表示されても見切れないデザインにする

リールのカバー画像の**推奨サイズは1080ピクセル×1920ピクセル**（アスペクト比9:16の縦長）です。しかし、プロフィールグリッドではアスペクト比1:1の正方形で表示されます。

文字や装飾は1080ピクセル×1080ピクセル内に収まるように、中央部分に寄せてデザインしましょう。

POINT

カバー画像は別の投稿と統一感のあるデザインを作成し、プロフィールグリッドで表示されても違和感がないか確認する

STEP 10 投稿画面を設定する

最後にキャプションとハッシュタグを入力し、その他の設定を行います。

タグ付けは特定の人物が登場している動画、位置情報はお店やスポットを紹介する動画を投稿する場合にのみ設定します。

投稿画面下部の**「詳細設定」では、「高画質でのアップロード可」をオン**にします。

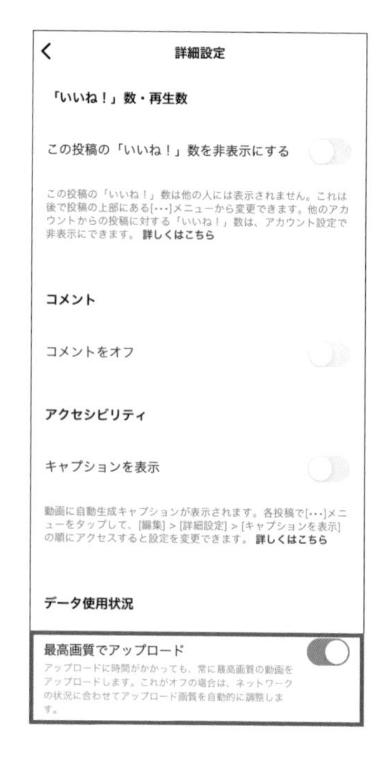

キャプションとハッシュタグの作成方法については第3章で解説済みですが、レコメンド表示が主流のリールでは、**フィードほどハッシュタグ作成に**

力を入れなくてOKです。ハッシュタグ作成よりも、動画の企画・編集作業に時間を割くことをおすすめします。

ただし、リーチが伸びにくくなる**関連性の低いハッシュタグはつけない**ように気をつけましょう。

POINT

キャプション欄には補足文章と関連性の高いハッシュタグを入れ、高画質でアップロードする

STEP 11 インサイトを分析する

第3章でお伝えしたとおり、投稿後はインサイトの数値を見て良かった点や悪かった点を分析し、次の投稿作りに活かすことが大切です。

リールはフィードのインサイト画面と表示される項目が少し違います。2023年9月時点では、下記の項目を確認できます。

フィードのインサイト画面	リールのインサイト画面
・リーチしたアカウント数 ・リーチしたアカウントの内訳（フォロワー／フォロワー以外の割合） ・インプレッション数および流入経路 ・いいね数 ・保存数 ・コメント数 ・シェア数 ・プロフィールへのアクセス数 ・フォロー数	・リーチ数 ・再生数 ・いいね数 ・保存数 ・コメント数 ・シェア数 ・フォロー数 ・再生時間（総合、平均） ・平均再生率および推移

※アカウントによって異なる場合があります。

リールでは再生時間や再生率の推移を確認できます。

動画のどの時点でユーザーに離脱されたのかを曲線グラフでチェックすることができるので、構成やデザインの改善に役立ちます。

リールのチェックリスト

- □ ショート動画の冒頭2秒の重要性を理解する
- □ 第3章を参考に企画を立てる
- □ 競合アカウントで伸びている動画をピックアップし、構成・デザイン・台本を参考にする
- □ 伸びている・流行っているリールの中から、動画のテーマに合うフォーマットを選ぶ
- □ PASONAの法則を意識した構成になっている
- □ 訴求力の強いタイトルを含む台本を作成する
- □ 自然光や照明を活用し、画質のいい動画を撮影する
- □ できるだけ多くの動画素材を複数のアングルから撮影する
- □ ツッコみたくなる要素や賛否が分かれる内容を動画内に入れる
- □ ワンカットが3秒以内に切り替わっている
- □ 不要なシーンや不要な間が0.1秒単位でカット編集されている
- □ Instagram以外のSNSへの投稿を考慮し、60秒以内の動画を作成する

- [ ] アカウントの雰囲気に合う声色でテンポよく台本を読み上げて録音し、平均的な音量でナレーションを入れる
- [ ] テロップは他の動画を参考にしたデザインで、UIデザインと重ならない位置に入れる
- [ ] 音源には人気の楽曲やトレンドの楽曲を選び、音量調節する
- [ ] 他の投稿と統一感のあるカバー画像を作成・設定する
- [ ] キャプションには動画にはない情報やアカウントの紹介、アクションへの導線を入れる
- [ ] 動画の内容と関連性の高いハッシュタグを5～10個つける
- [ ] 必要に応じてタグ付けや位置情報の設定を行う
- [ ] 「高画質でのアップロード」をオンにする

※直接書き込みたくない人は、P318の読者特典をチェック!

5

第5章

ストーリーズで見込み客を優良顧客へ育成

マネタイズ成功のカギはストーリーズ

ストーリーズは画像または60秒以内の動画を投稿できる機能で、フォロワーのホーム画面の上部に表示されます。フィードやリールと違い、投稿から24時間が経過すると非表示になります。

フィードやリールと異なるもうひとつのポイントは、**リンクを貼れる機能（リンクスタンプ）がある**こと。どのようなマネタイズ方法を選択する場合でも、Instagramのユーザーを外部のサイト（販売ページやLINEなど）に遷移させる必要があります。

フィードやリールを見たユーザーを外部サイトに遷移させるためには、一度プロフィール画面に移動してからURLをタップしてもらう必要があるのに対し、ストーリーズならリンクスタンプから直接アクセスしてもらえます。つまり、**収益を上げるための入口としてストーリーズが必要不可欠**だということです。

ただし、マネタイズしたいときだけストーリーズを投稿してしまうと、いかにも「広告感」が出てしまうので要注意。

初期設計やフィード・リールの投稿をきちんと行っていても、**ストーリーズの更新を怠っていると上手くマネタイズできません**。

また、作り込まれた通常投稿（フィードやリール）を投稿するだけだと、フォロワーは獲得できてもファン化が難しいです。

投稿者の日常や想いを発信する場としてストーリーズを活用することで、**アカウントをより身近に感じてもらい、共感を深めていく＝ファンになってもらう**ことが可能になります。

ストーリーズは日本人ユーザーのうち約70%が利用しており、

フィードよりも見る人が多い人気の機能です。

似た機能はTikTokやYouTube※にもありますが、あまり活用されていません。Instagramの大きな特徴とも言えるストーリーズを積極的に活用していきましょう。

> POINT
> **日頃からストーリーズを運用し、マネタイズ用のストーリーズが悪目立ちしない状態を整えておく**

外部露出へのチャンスを広げるツール

通常投稿やストーリーズの表示順は、アカウント同士の親密度によって決定されます。

親密度を高める施策として、ストーリーズ投稿が有効です。

ユーザーの滞在時間が長く、エンゲージメント（いいねやメッセージなど）を獲得できているストーリーズは、フォロワーに優先的に（左側に）表示されます。

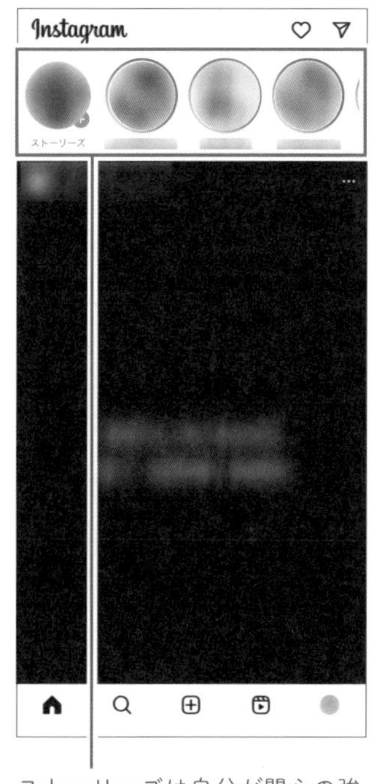

ストーリーズは自分が関心の強い順番に並んでいる

※YouTubeストーリーは2023年6月にサービス終了

第5章 ストーリーズで見込み客を優良顧客へ育成

ストーリーズ閲覧率が高まり、フォロワーから多くのエンゲージメントを獲得できた結果、アルゴリズムに「良いアカウント」だと判断され、フィードやリールのリーチも伸びます。

外部露出できるかどうかはフィードやリールのクオリティに左右されますが、**ストーリーズを通じてフォロワーからエンゲージメントを獲得することで、外部露出できるチャンスがさらに広がる**ということです。

フォロワーが増えると通常、投稿のエンゲージメント率は低下していきます。エンゲージメント率が落ちてきたら、初心に返ってフォロワーとの交流を大切にしましょう。

後ほど解説するポイントを押さえてストーリーズを運用し、**ストーリーズのエンゲージメント率を高い水準に保つ**ことが重要です。**ストーリーズ閲覧率は20〜30%をキープ**できるようにしてください。

ストーリーズ閲覧率

＝ ストーリーズ閲覧数 ÷ フォロワー数 × 100

5%以下：要改善
10%前後：基準値
20%前後：良い
30%前後：非常に良い

POINT

ストーリーズでフォロワーからのエンゲージメントを獲得することが、アカウント全体の成長につながる

ストーリーズ運用のポイント

POINT ① 1日3回以上更新する

ストーリーズは**1日3回以上、毎日投稿する**ことをおすすめします。

フォロワーはあなたのストーリーズを目にする回数が増えるほど、**単純接触効果により、アカウントへの好意度が高まります**。

ストーリーズ運用の目的のひとつは「ファン化」。

フィードやリールほど作り込まれた投稿でなくても構いません。

ストーリーズの更新が苦手な方は「誰も私の日常なんて興味ないよ」という考え方をなくしましょう。

投稿者の人柄や考え方を伝えること、アンケートや質問箱などの機能を活用して積極的にフォロワーと交流することを意識して、まずは気軽に投稿してみてください。

また、毎回まったく新しい内容である必要はありません。**反応の良かった過去のストーリーズを複数回投稿してもOK**です。

ストーリーズのインサイトを確認して、閲覧数が多い、あるいはエンゲージメント率が高い投稿をピックアップし、時間を空けて投稿し直します。

インサイトを見ることで、自分のアカウントでどのようなストーリーズが伸びやすいのか傾向を掴めるはずです（自分の顔が写っているもの、文字だけのノウハウ共有、日常の様子など）。

POINT

1日3回以上ストーリーズを更新して、
毎日フォロワーとの接触・交流を図る

▶ POINT ② 投稿の時間帯やタイミングを意識する

ストーリーズの閲覧率を高めるポイントは、**フォロワーが最もアクティブな時間帯に投稿する**ことです。

アカウントのインサイト画面から確認できます。

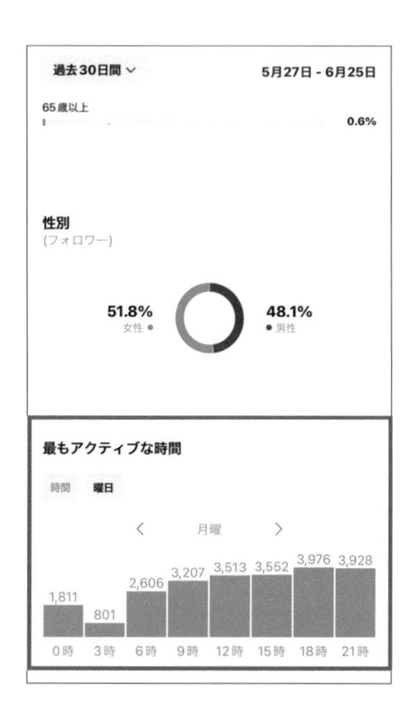

また、用意したストーリーズを**一度に投稿するのではなく、タイミングを分けて投稿する**のもおすすめです。

例えば10枚の素材がある場合、10枚連続で一気に投稿すると、1日のうち一度だけフォロワーに表示されて終わります。

それどころか、投稿枚数が多すぎて左にスワイプされる（読み飛ばされる）可能性もあります。

一方で、朝・昼・夜の3回に分けて投稿すれば、1日のうち3回もフォロワーと接点を持つことになります。単純接触効果を考慮すると、後者の方が好意を持ってもらいやすいです。

POINT

ストーリーズはフォロワーが最もInstagramを利用している時間帯に、タイミングを分散して投稿する

POINT ③ 属人性を出す

ファン化のために運用するストーリーズは、属人性がないとなかなか効果が出ません。

属人性の出し方は次の2つです。

❶自分らしい内容

価値観・考え方や私生活、過去の経験や失敗談など、**自分の内面や一貫したメッセージ性が伝わる内容を発信**します。

文章の内容に加え、言葉遣いや絵文字の使い方も自分らしさを伝える要素のひとつです。

❷自分らしい写真・動画

①を踏まえていたとしても、背景画像のないテキストだけのストーリーズだと興味を持ってもらいにくいです。

背景画像には**自分で撮影したオリジナルの写真や動画を使用し、1ストーリーズごとに変える**ようにしましょう。

顔出し・姿出しをしたり、ナレーションを入れたりすることで、より属人性が強まります。

POINT

ストーリーズごとに異なるオリジナル写真または動画を使用し、「らしさ」が伝わる文章を入れて投稿する

POINT ④ 1つのトピックを複数枚に分ける

ストーリーズもフィードやリールと同じく、滞在時間の長さが重視されます。

第3章でも述べたように、**投稿枚数は少ないよりも多い**ほうが、背景は**写真よりも動画**のほうが滞在時間の引き延ばしが可能です。

フィード同様、1枚の画像・動画ですべてを言い切るのではなく、**1つの内容を複数枚の画像・動画で構成して投稿**しましょう。

各ストーリーズには、「実は……」「〜だったけど……」のような**次のストーリーズにつながり、つい続きが気になってしまう文章**を入れます。

例1

 1枚のみ「インスタのフォロワーが伸びない理由は○○です」

○ 1枚目 「どうやってもインスタのフォロワーが増えない！ よく耳にするその悩み、実は……」

2枚目 「テクニックではなく、認識に問題があるんです！ その認識というのが……」

3枚目 「そもそもフォロワーが多いだけじゃ意味がない！ どういうこと？って思いますよね。詳しく解説します→」

4枚目 以降に続く

例 2

 1枚のみ「今日こんなオムライス食べたよ！ みんなもこのお店行ってみてね」

○ 1枚目 「あり得ない（黒い背景画像）＋アンケートスタンプ（どうしたの？・気になる！）」

2枚目 「今日ランチでこのお店に行ったんだけど……（店の外観写真）」

3枚目 「これ！やばすぎない？（美味しそうなオムライスの動画）＋リアクションスタンプ」

4枚目 以降に続く

POINT

ストーリーズは滞在時間を意識し、思わず見進めてしまう構成で、複数枚の画像・動画を投稿する

POINT ⑤ ストーリーズはコミュニケーションが命

ストーリーズはフォロワーとのコミュニケーションを深め、ファン化を促進する有効なツールです。

ストーリーズには「スタンプ」と呼ばれる機能があり、位置情報やリンクを貼れるスタンプに加え、**フォロワーからのアクションを促すことができるさまざまなコミュニケーションスタンプ**が用意されています。

次ページに、使用例とともに一覧化していますので、参考にしてください。

難易度	スタンプの種類	ユーザーに必要なアクション	活用のコツ	ストーリーズの例
低	①リアクションスタンプ	タップ	タップするだけなので反応が集まりやすい。右利きのユーザーが多いため、タップしやすい画面右下に設置する。	「20時に新規投稿するよ！楽しみな人はポチ」
	②絵文字スライダースタンプ オムライス好きな人はスライドしてね	スライド	①とほぼ同義だが、タップよりもスライドする労力がかかるため、①のリリース以降はあまり利用されていない。	「オムライス好きな人はスライドしてね」
	③アンケートスタンプ 賃貸と持ち家どっち派？ 賃貸 持ち家	選んでタップ（最大4択）	多くの人が抱えている悩み、あるあるネタ、結論の出ていない論争など、他の人の回答が見たくなるテーマで実施する。難しい質問やマニアックな質問、回答の割合が予想できる質問はタップしてもらいにくい。	「賃貸と持ち家、どっち派？」 「デートでは男性がおごるべき？割り勘でいい？」 「新規投稿の表紙、どっちがいいと思う？」
	④クイズスタンプ 毎週2日間休みがある場合、正しい表現はどれ？ Ⓐ 週休2日制 Ⓑ 完全週休2日制 Ⓒ どっちも！	選んでタップ（最大4択）	アカウントのジャンルにマッチしたユニークな雑学・トリビアを取り上げる。知ると得しそうな問題や誰かに話したくなるテーマがおすすめ。	「毎週2日間休みがある場合、正しい表現はどっち？」 ①週休2日制 ②完全週休2日制 ③どっちも！
高	⑤質問スタンプ 季節の変わり目の肌トラブル、どんなこと悩んでる？ テキストを入力…	考えてテキストを入力	最初は回答ハードルの低い質問を、反応が増えてきたらフォロワーから引き出したい悩みや心情を問う質問を投げかける。他スタンプよりもユーザーに大きな労力がかかるので回答が集まりにくいが、根気強く続けていくことが大切。	「季節の変わり目の肌トラブル、どんなこと悩んでる？」

これらのコミュニケーションスタンプを活用することで**エンゲージメントが高まり**、また、**滞在時間を引き延ばす**こともできます。

スタンプに反応してくれたフォロワーにはお礼や回答のDMを送ると、親密度がさらに高まります。

> POINT
>
> **ストーリーズのコミュニケーションスタンプを活用して**
> **エンゲージメントを獲得し、DMでより深いコミュニケーションを図る**

POINT ⑥ 閲覧数を上げる意外な方法

24時間以内に投稿したストーリーズの数は、画面上部のバーの数で表示されます。

1日に何度もストーリーズを更新しすぎてバーが点線・切り取り線(-----)のようになっていると、中身が見られずにスワイプされてしまう可能性が高いです。

第5章 ストーリーズで見込み客を優良顧客へ育成

一般的にストーリーズの複数枚投稿では、1枚目、2枚目……と進んでいくほど閲覧数が落ちていきます。
未読のストーリーズが多くなると、フォロワーが負担を感じるようになるからです。

重要な告知やアフィリエイトなど、特に閲覧数を上げたいストーリーズを投稿する場合は、**投稿前に過去のストーリーズをすべて削除する**ことをおすすめします。

POINT

過去のストーリーズを削除してから、新しいストーリーズを投稿することで、閲覧数が増える

POINT ⑦ ハイライトに残す

ストーリーズに投稿した画像や動画は24時間で消えるため、重要な内容はハイライトに残す必要があります。

ハイライトはブックマークや名場面集の役割を果たします。
適当に設定するのではなく、**ユーザーのニーズやトレンドに合わせて、求められている情報をカテゴリ分けする**ことが重要です。

作成できるハイライトの数に上限はありませんが、5～6個（スワイプしなくてもプロフィール画面に表示される数）が望ましいです。
また、1つのハイライトに追加するストーリーズの数は最大20枚程度に収め、古いストーリーズは削除して定期的に入れ替えていくことをおすすめします。

転職アカウントのハイライトの例

❶自己紹介

マネタイズの段階で「転職コンサル」を商品として販売する場合、投稿者がどのような人物であるかを伝え、ユーザーを安心させる。

❷アフィリエイト

商品・サービスのサイトに誘導するアフィリエイトストーリーズを作成後、LP のような役割としてハイライトにまとめる。

❸年代別のお役立ち情報

年代によってキャリアの現状や転職の希望が異なるため、「20 代」「30 代」など年代ごとに情報を分類する。

❹実績

自己紹介に入れている内容とは別で、フォロワーから届いたお礼・賞賛の DM や Instagram ライブのコメントをシェアしたストーリーズをハイライトにまとめ、権威性を高める。

❺ Q&A

質問スタンプを活用して集めたフォロワーの質問や悩みに回答したストーリーズをまとめる。

POINT

過去に投稿したストーリーズの中でも、特にユーザーが求めている情報をカテゴリ分けしてハイライトにまとめる

もう迷わない！ストーリーズで使える鉄板ネタ

新規投稿のシェア

新しく投稿したフィードやリールをストーリーズにシェアします。

フィードの下部、リールの右下に表示されている紙飛行機ボタンをタップすると、ストーリーズの投稿画面に遷移します。

そのままアップするのではなく、**投稿内容を補足する文章を入れる**、「NEW POST」などの**アニメーションスタンプを追加する**……といった、ユーザーがより見たくなる工夫を行いましょう。

Instagramを開いたときに最初に目に入るストーリーズに新規投稿をシェアすることで、初速のエンゲージメントを高められるというメリットもあります。

POINT

新しく投稿したフィードやリールは、補足文やスタンプを追加してストーリーズにシェアし、フォロワーに告知する

質問やお悩みの募集・解決

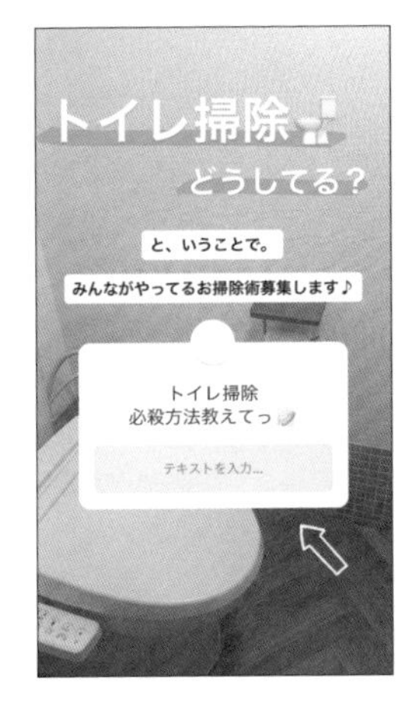

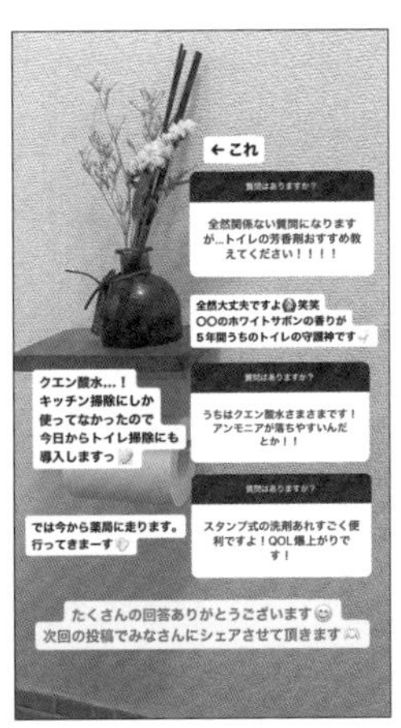

質問スタンプを活用して**フォロワーからの質問や悩みを募集し、ストーリーズ上で回答**します。

DMで直接やり取りする方法やフィードでQ&Aをまとめる方法もありますが、ストーリーズに掲載することで権威性※が高まり、また他のユーザーからのDMも集まりやすくなります。

回答時に意識するポイントは①自分の言葉でコメントを添えること②フォロワーにとってプラスになるアドバイスや解決策を提示すること。

淡白に回答するのではなく、**普段の投稿では伝えにくい自分のキャラクターを知ってもらえるように回答**していきましょう。

POINT

フォロワーから届いた質問や悩みに対し、自分らしいコメントと役立つ回答を付け加えてストーリーズに載せる

※権威性とは……無意識に自分よりも立場が上の人に説得力を感じる傾向

知識・ノウハウの共有

自分が持っている知識や情報のうち、アカウントのジャンルに関連する内容をストーリーズで共有します。

権威性を示すことができ、**フォロワーの満足度**も高まります。

知識やノウハウの共有をすでにフィードやストーリーズで行っている場合は、**補足情報や最新情報など、ストーリーズならではの企画でフォロワーの興味・関心を喚起**してください。

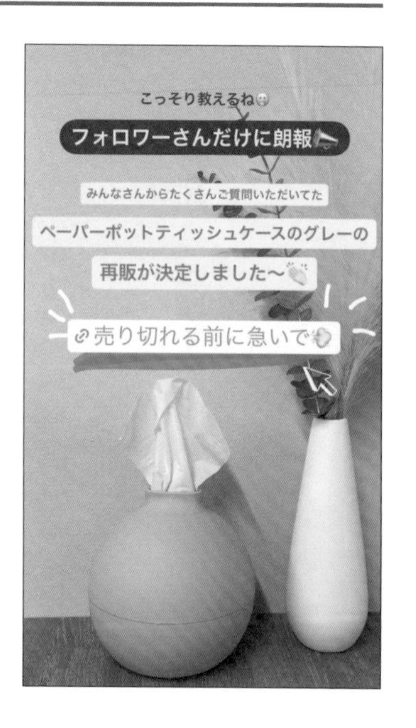

ストーリーズで知識・ノウハウを共有する際は、**クイズスタンプの活用も有効**です。

難しすぎる内容だと回答を集められないため、深く考えなくても、専門知識がなくても答えられる簡単なクイズを作成しましょう。

POINT

フィードやリールには投稿していない知識・ノウハウや最新情報をストーリーズで発信する

プライベートや実体験の開示

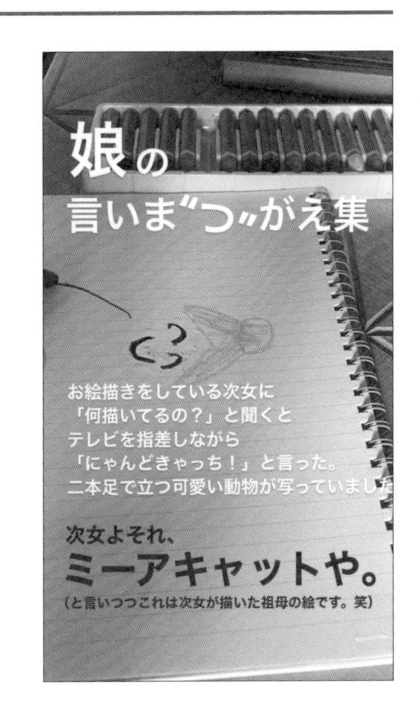

ストーリーズには、フォロワーにとって役立つ情報だけでなく、投稿者の姿がわかるような投稿も織り交ぜていきましょう。

プライベートの様子や投稿者自身の実体験を共有することで、**親近感**を持ってもらうことができ、**コミュニケーションのきっかけ**にもなります。

また、マインド・精神論もファン化において効果的です。

普段の投稿では伝えきれていない自分の考えや、アカウント・フォロワーに対する思いなどを伝えましょう。

上記のようなストーリーズは、エンゲージメントが普段より高くなりやすいです。

自分のキャラクターが出せるような写真・動画を撮影し、自分らしい文章をのせて投稿してみてください。

POINT

プライベートや実体験、マインドを発信する属人的なストーリーズはエンゲージメントを獲得しやすい

DMのシェア

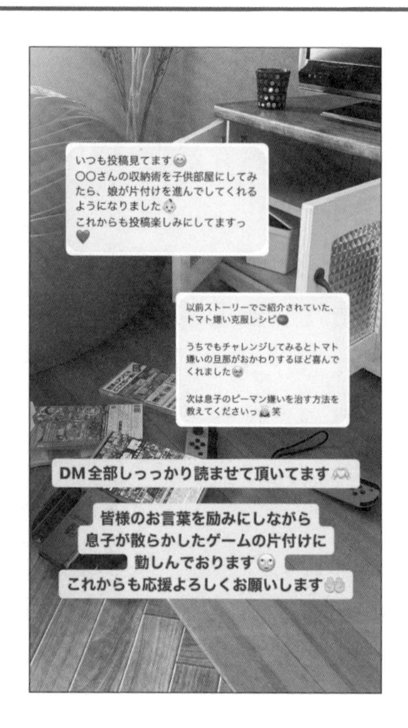

フォロワーから投稿への感想や感謝の気持ちを伝えるDMが届くことがあります。

DM上でのクローズドなやり取りで終わらせず、送り主に許可をとったうえで、ストーリーズでシェアすることをおすすめします。

自分のキャラクターを出した**お礼のコメントを添えて投稿**しましょう。

DM（クチコミ）を載せることで、他のフォロワーに対して**権威性が高まり**ます。また、それを見たユーザーはDMを送ることに対して抵抗がなくなるため、**より多くのクチコミを集める**ことが可能です。

DMがなかなか届かない方には、DM自動化・チャットボットシステム「iステップ」の導入がおすすめです。

iステップには、ユーザーから届いた特定のアクションに対し、自動でDM返信を行える機能があります。
「この投稿に『プレゼント』とコメントした人にはDMで◯◯をプレゼント」「このストーリーズのアクションスタンプをタップすると◯◯をプレゼント」などの施策を行うことで、エンゲージメントを高められ、かつDMの数を増やすことができます。

　最近急激に伸びているアカウントには、このツールが導入されていることが多いです。

DM（ダイレクトメッセージ）の重要性

　フィードやリール、ストーリーズの運用にばかり目が行きがちですが、Instagramでは**DMを通じたコミュニケーションも重視**されています。

　DMの数を増やすことがアカウントの評価につながると言われており、実際に「投稿をしていないのに、DMのやり取りが増えるとフォロワーが増えた」というアカウントも存在します。

- **どんなに些細な内容でもひとつひとつのDMにしっかり返事する**
- **DMをくれた人のアカウントのプロフィールを見にいって名前を確認し、文章の冒頭で「◯◯さん」と呼びかける**
- **過去のDMで話した内容をさかのぼって、「そういえば◯◯どうでした？」「アイコン変えましたか？」などと話を振る**
- **ストーリーズにいいねをくれた人に「いつも見てくれてありがとうございます」と自分からDMを送る**

　などとDMを積極的に活用し、ひとりひとりのユーザーと深くコミュニケーションをとることで、ファン化にもつながります。

POINT

フォロワーからのポジティブなクチコミ＝DMにコメントを添え、ストーリーズにシェアして権威性を高める

▶ 投稿内容に関する相談

ストーリーズは**フォロワーと直接コミュニケーションをとれる**点が最大の魅力です。

アカウントの運用や投稿内容に悩んだときは、ストーリーズでフォロワーの意見を積極的に聞いてみてください。

- **「次の投稿のサムネイル、どれがいいかな？＋アンケートスタンプ」→投票の多かったサムネイルで投稿**
- **「ヘアケアに関する悩みってある？＋質問箱」→悩みを解決する投稿を作成**

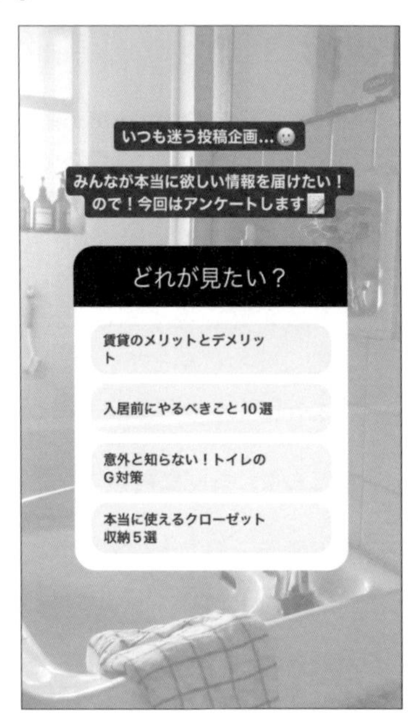

フォロワーに相談を投げかけるストーリーズは、立場の弱い人に同情して応援してしまう心理現象**「アンダードッグ効果」によってエンゲージメントを高められ**ます。

また、フォロワーの意見を実際に反映することで**承認欲求**を満たしてあげることができます。

POINT

ストーリーズを通じてフォロワーに投稿内容に関する相談を投げかけ、集まった意見をもとにアカウントを運用する

ジャンル別の発信内容の例

ここまでご紹介した6つの鉄板ネタに加え、ジャンルごとのストーリーズでの発信に適した内容も押さえておきましょう。

ジャンル	ストーリーズの内容	フォロワーの心情
ハンドメイド、イラスト、デザイン、料理	・制作過程 ・撮影風景	興味関心
ダイエット	・日々のトレーニング ・ストレッチの様子 ・ダイエット記録（ビフォーアフター）	モチベーションアップ
ビジネス全般、お金	・おすすめの本 ・時事ニュース	学び
子育て	・日常のエピソード ・子どもの成長記録 ・保育園あるある	共感
恋愛、占い、転職	・プライベートなお悩み募集 / 回答	共感 or 権威性
美容全般、ファッション全般	・今日のメイク、今日のコーディネート ・購入品紹介 ・新商品情報	憧れ

POINT

ジャンル別に適したネタを知り、ストーリーズを作成する

ストーリーズのチェックリスト

- [ ] 継続的にストーリーズを運用し、
外部露出→ファン化→マネタイズにつなげる
- [ ] フォロワーに販売したい商品・サービスが自然に溶け込む状況を、
ストーリーズを活用して作り上げる
- [ ] ストーリーズ閲覧率は20～30%を目指す
- [ ] フォロワーがアクティブな時間帯のうち複数のタイミングで、
1日3回以上更新する
- [ ] インサイトを見て伸びるストーリーズの傾向を掴み、
反応の良い内容は何度も投稿する
- [ ] 属人性の高い内容および写真・動画を投稿する
- [ ] 1つのテーマを複数枚で構成する
- [ ] 写真だけでなく動画も投稿する
- [ ] コミュニケーションスタンプを活用し、
双方向のコミュニケーションを図る
- [ ] ストーリーズに反応してくれたフォロワーにお礼のDMを送る
- [ ] 特に閲覧率を上げたいストーリーズを投稿する前に、
24時間以内に投稿した過去のストーリーズを削除する
- [ ] ユーザーのニーズやトレンドに沿ったストーリーズは、
見やすく分類してハイライトに設定する

- [ ] 新しく投稿したフィードやリールは、コメントやスタンプを追加してストーリーズにシェアする
- [ ] フォロワーからの質問や悩みを集め、自分の言葉で回答する
- [ ] アカウントのジャンルに関連する最新情報や、通常投稿を補足する知識・ノウハウを発信する
- [ ] プライベート、実体験、マインドを発信する
- [ ] フォロワーから届いたDM（クチコミ）をシェアする
- [ ] 投稿内容に関する相談を投げかけ、集まった回答をもとに投稿を作成する
- [ ] ジャンル別のストーリーズ案を把握する

※直接書き込みたくない人は、P318の読者特典をチェック！

6

第6章

10万円稼ぐための
マネタイズ導線の作り方

マネタイズを行う前の心構え

アカウントを作り込んだ先に収益がある

アカウント（売るための土台）を作り込めていない状態では、商品・サービスを売ろうとしても売れません。

初期設計を終え、そのうえでフィードやリールを投稿し続け、毎日ストーリーズを更新する……このようにコツコツとアカウントを作り込んで、ようやくマネタイズのステップへと進むことができます。

Instagramで稼ごう＝何らかの商品・サービスを販売しようと思ったときに、考えるべきこととその順番は以下のとおりです。

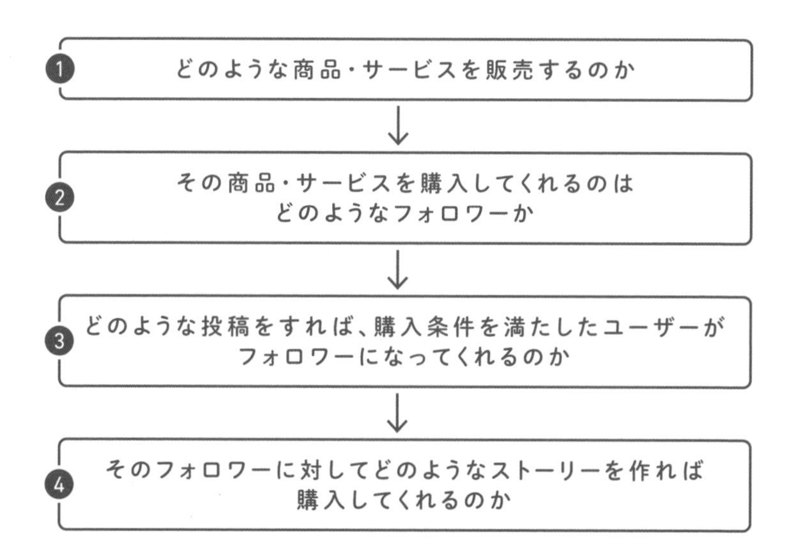

④のストーリーとは**「誰が」「誰に向けて」「何のために・どういう思いで」販売しているのか？**ということ。フォロワーをたくさん抱えていたところで、ストーリー性がなければマネタイズは難しいです。

例えば、SNS ノウハウを発信するアカウントで、唐突にパーソナルトレーニングを宣伝したとしても、誰も入会には至らないでしょう。

パーソナルトレーニングを勧めるに足るストーリー性のあるアカウントを作り、パーソナルトレーニングへの入会を検討するようなユーザーを集めておく必要があります。

世の中にある企業が1つの商品・サービスを売るために多額の広告費をかけていることからわかるように、人に何かを買ってもらうことは容易ではありません。

アカウントを作り込んで、信頼と実績を積み重ねていきましょう。

POINT

初期設計や日頃の投稿でアカウントを作り込み、マネタイズにつなげる

商品を買うのはフォロワーではなく"ファン"

マネタイズの条件のひとつはストーリーを作ること、もうひとつはフォロワーではなく「ファン」を抱えておくことです。

序章で「フォロワーの数と稼げる金額の多さは必ずしも比例しない」とお伝えしましたが、その理由は、**商品・サービスを買ってくれる人はフォロワーではなくファン**だからです。

ファンとは「この人から買えば間違いない」「同じものを買うならこの人からがいい」と思ってくれるような、あなたのこと（アカウント）を好きなユーザーを指します。熱量の高いファンなら、**市場環境の多少の変化にはあまり影響を受けません**。

大手の競合アカウントが同じような商品・サービスを紹介していたと

しても、新たに人気のアカウントが現れたとしても、あなたから購入してくれます。

「フォロワーが多ければ稼げる」と勘違いしている人は、見込み客の母数をフォロワー数で考えてしまいがちですが、これは間違いです。

購入者の母数に含まれるのは、日頃からストーリーズをよく閲覧してくれている人や、投稿やストーリーズに毎回リアクションしてくれる「ファン」なのです。

マネタイズ用のストーリーズをじっくり読んで、商品リンクをタップして、外部サイトでお金を払って商品を購入する……そんな面倒なことを、なんとなくフォローしただけのユーザーやフォローして間もないユーザーはしてくれません。

フォロー周りやいいね周り、ましてフォロワーの購入などの小手先のテクニックでは、フォロワーの数が増えたとしてもファンの数は増えません。

第5章まででお伝えした内容をもとに、**商品を購入してくれる可能性のあるフォロワー＝ファンを育成し、マネタイズできるアカウントを作り上げて**ください。

本章では、アフィリエイト、スキル販売（有形商材）、スキル販売（無形商材）、コンテンツ販売の4つに分けてマネタイズ方法を紹介します。

POINT

ファンを育て、商品を購入してくれる可能性がある
ユーザーの母数を増やす

アフィリエイトで稼ぐための8ステップ

アフィリエイトとは、企業の商品・サービスを紹介し、あなたの紹介経由でユーザーが購入や登録などに至った場合に成果報酬がもらえるマネタイズ方法。1件のコンバージョンでもらえる金額は、およそ数十円〜2万円前後と幅広いです。

マネタイズ難易度はこのあと紹介するスキル販売やコンテンツ販売よりも低いため、まずはアフィリエイトから始めてみてもいいでしょう。

STEP 1 商材とASPを決める

初期設計の際に取り扱う商材の方向性をざっくりと決めていたかと思いますが、あらためて紹介する商品・サービスをASPから選定します。

初期設計の段階から時間が経ち、想定していた商材の販売あるいはアフィリエイトでの取り扱いが終了していたり、よりよい商品が掲載されている可能性があるからです。

商材とASPを決定するときのポイントは次の3つです。

❶複数のASPを比較する

同じ商材でも、掲載されているASPによって報酬額の設定が異なる場合があります。できるだけさまざまなASPを見比べて、より条件がいいところで提携申請を行いましょう。

ASPの利用方法はサイトごとに異なるため、各規約を読んで投稿の準備を進めてください。

例　A8.netの場合

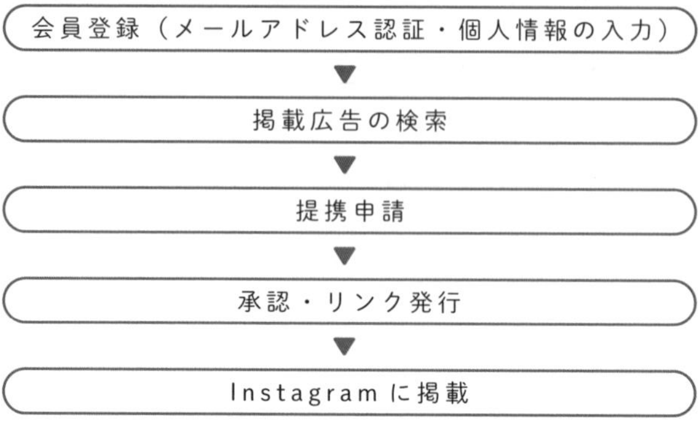

会員登録（メールアドレス認証・個人情報の入力）
▼
掲載広告の検索
▼
提携申請
▼
承認・リンク発行
▼
Instagramに掲載

❷競合アカウントを見る

第1章では「成果条件の難易度が低い商材」「悩み・コンプレックスに関連した商材」がおすすめであることをお伝えしました。

商材選びに迷ったら、競合アカウントのハイライトで紹介されている商品・サービスをチェックし、ASP上で検索してみましょう。

Google Chromeの拡張機能（アドオン）のひとつ「Redirect Path」を活用すれば、ハイライトに貼られているリンクからどのASPを利用しているか確認できます。

❸投稿数を見る

どの商材を紹介すべきか決めかねているときは、Instagram上にその商品・サービスに関する投稿がいくつあるかを調査してみましょう。

人がSNSで物を買うまでの流れは「ULSSAS（ウルサス）」と呼ばれる購買モデルに基づいています。

ULSSASとは、株式会社ホットリンクが提唱しているもので、「UGC（ユーザー投稿コンテンツ）、Like（いいね！）、Search1（SNS検索）、

Search2（Google/Yahoo! 検索）、Action（購買）、Spread（拡散）」の6つの頭文字から成り立っています。
「ULSSAS」にユーザー心理を当てはめると以下のようになります。

ULSSASをユーザー心理に当てはめた場合

単語	意味	ユーザーの心理
UGC	ユーザー投稿コンテンツ	-
Like	いいね！	「これかわいい！」 「気になる！」
Search1	SNS 検索	「他の投稿も見てみよう」
Search2	Google・Yahoo! 検索	「詳しく調べてみよう」
Action	購買	「買おう！」
Spread	拡散	「これおすすめ！」

ULSSASに照らし合わせると、投稿（UGC）の少ない商品よりも、投稿の多い商品のほうが有利だと言えます。

CM・カタログ・店頭広告が主流だった時代の購買モデル「AIDMA（アイドマ）」や、インターネット広告が主流だった時代の「AISAS（アイサス）」とは異なる購買プロセスを経ていることがわかります。

POINT

アフィリエイトを始める直前に複数のASPを見て、Instagramで投稿数の多い商材を選ぶ

▶ STEP 2 商品を発注する

商材を決めてASPの提携申請が承認されたら、**その商品・サービスを発注して実際に使用（利用）**します。

アフィリエイトをするうえで、必ず商品を購入しなければならないルールはありません。

しかし、Instagramのアフィリエイトでは**「自分がおすすめするものをフォロワーに知ってもらう」ことが重要**です。

お金を稼ぐために自分がよく知らない商品を紹介してしまうと、宣伝色の強いアカウントになってしまい、エンゲージメントが下がります。

その結果、せっかく集めたファンが離れていく恐れもあります。

販売予定の商材は、Instagramに投稿する前に必ず自分で購入してください。

実際に使ってみた体験談をもとに、STEP6のストーリーズアフィリエイトを開始できます。

POINT

紹介したい商品・サービスは必ず発注し、実際に使用する

▶ STEP 3 商品を使って撮影する

発注した商品が届いたら、STEP6のストーリーズアフィリエイトで使用するための素材を撮影します。

このとき、商品の物撮りだけでは不十分です。

例えばシャンプーを紹介する場合、パッケージの写真だけを見て購入に至る人は少ないでしょう。

お風呂で使っている様子、泡立ちの様子、洗い上がりの髪の状態、ドライヤー後の髪の状態……など、**商品の魅力や効果が多角的に伝わる写真・動画が必要**です。
「この商品を友達におすすめするとしたら？」を想定し、複数の素材を集めておきましょう。

POINT

商品・サービスの魅力が伝わる写真や動画をいくつか撮影する

STEP 4 物語を仕込む

先にその商品・サービスを紹介するに足る「物語」を仕込みます。
この下準備なしでいきなり商品を宣伝してしまうと、広告感が強くなり、不自然に感じられる可能性が高いです。

STEP6のストーリーズアフィリエイトを始める自然なきっかけとして「物語」が必要になります。

物語を仕込む際は**悩みの解決に着目**します。
その商品・サービスを欲しがるであろう**ユーザーの悩みを、ストーリーズのアンケートスタンプや質問スタンプを活用して集めて**ください。
自分発信の「私がおすすめする商品見て！」ではなく、相手の発信を受けて「その悩みを解決します！」という紹介の仕方であれば、広告に見えません。

次ページの図は、ジャンルごとに物語に当てはめた例になります。

アカウントのジャンル	売りたい商品・サービス	集めたい悩み	ストーリーズの内容
転職	無料適職診断	仕事の内容、働き方	・アンケートスタンプ 「自分に合った仕事できてる？」 「仕事に活かせる自分の強み、分かってる？」 ・質問スタンプ 「今の仕事に不満ってある？」 「就職・転職活動で困ったことは？」
ダイエット	着圧タイツ	体型、足の太さ	・アンケートスタンプ 「私が3ヶ月で10kg痩せた時に使ってた商品、興味ある？」 ・質問スタンプ 「自分の体型でいちばん気になるところは？」
料理	圧力鍋	家事の時間、ズボラ	・アンケートスタンプ 「1食作るのにどのくらい時間かけてる？」 ・質問スタンプ 「家事や自炊に関する悩みってある？」
暮らし全般	健康ドリンク	体の不調	・アンケートスタンプ 「朝スッキリ起きられない。同じ人、いる？」 ・質問スタンプ 「最近、健康で気になることある？」

物語の仕込みと同時に、**日頃のストーリーズ運用でもアフィリエイトとのつながりを意識**しましょう。

アフィリエイトを紹介するストーリーズを開始する前の通常のストー

リーズに、その商材を使用している様子を定期的に投稿し、フォロワーに自然に受け入れてもらえる状況を作っておく必要があります。

POINT

商品・サービスのニーズにつながる悩みや不満を集める

STEP 5 クチコミを集める

悩みを集めるSTEP4とは別で、販売予定の商品・サービスに関するクチコミを集めます。

ストーリーズの例

「最近この着圧タイツがお気に入りなんだけど、使ったことある人いる？」

「この健康ドリンク、ストレートだと飲みにくい……美味しい飲み方知ってたら教えて！」

ULSSASのスタート地点となるのはUGC、つまりクチコミになります。アフィリエイトを開始する前に**できるだけたくさんのクチコミを収集**しておきましょう。

このステップでもSTEP1でお伝えした通り、もともとUGCの多い知名度のある商品が有利です。

POINT

フォロワーから商品・サービスに関するクチコミを集める

STEP 6 ストーリーズアフィリエイトを行う

商品を使用・撮影し、ストーリーズでフォロワーの悩みやクチコミを集められたら、いよいよアフィリエイト用のストーリーズを作成します。

ストーリーズは**商品・サービスを売るためのLPの役割**を果たします。一般的にLPは次のような流れで構成されています。

この構成をアフィリエイト用のストーリーズにも落とし込みます。
画像1枚に商品リンクを貼るだけでは売れません。

第3章で紹介した「PASONAの法則」を意識し、**1つの商材に対して8～10枚程度のストーリーズで訴求**しましょう。

また、内容だけでなくデザインも重要です。
特にLPのファーストビューに該当する**1枚目が大切**で、購入ボタン（リンクスタンプ）を設置している画像まで見進めてもらえるかどうか＝商品の売れ行きを大きく左右します。

ABテスト※を繰り返し、何度も改善しながらコンバージョン率の高いストーリーズを作りましょう。

GoogleやPinterestで「LPデザイン」「LP事例」などと検索するとさまざまなLPが出てくるので、ぜひ構成・文章・デザインの参考にしてみてください。

POINT

アフィリエイト用のストーリーズは8～10枚程度で構成し、特に1枚目のインパクトを重視する

※ABテストとは……バナーや広告文、Webサイトなどを最適化するために実施するテスト。特定の要素を変更したAパターン、Bパターンを作成し、ランダムにユーザーに表示し、それぞれの成果を比較する。

売れるストーリーズの構成例

① 導入

ストーリーズは後半に進むほど閲覧数が減る。フィードの1枚目の画像やリールの冒頭2秒と同じように、2枚目につながるインパクトの強いキャッチコピーや悩みに寄り添う内容で、見た人の興味を惹きつける必要がある。

↓

② 誘導

1枚目で投げかけたテーマについての回収を行い、3枚目以降を見進めるメリットを提示する。思わず反論したくなる逆説を入れて、続きを気にならせる方法も有効。

↓

③ 悩み・課題

STEP4「物語を仕込む」で回収したアンケートの結果や質問に対する回答を開示する。ストーリーズを見ている人の気持ちを代弁し、共感を呼ぶ。

↓

④ 商品紹介

③を解決する方法として商品を紹介。サイトから拾ってきた商品の写真を載せるだけだと宣伝感が強くなるのでNG。STEP3で撮影した商品を実際に使用している写真・動画と、おすすめする理由・根拠も載せる。

・「骨格ストレートの私が鏡見てビックリするくらいヒップの位置上がった！」など

リンクスタンプを設置する場合は「今だけ500円！」「ヒップアップの秘密」など、タップ率が高まるテキストを入力する。

↓

⑤ 感想

商品サイトに載っている情報ではなく、自分の言葉で商品への印象や使用感を伝える。売るために忖度した感想ではなく、実際に使用してみた率直な感想を述べることで、リアル感が出る。

・「Mサイズを買ったけど、私の体型だとSのほうが良かったかも！」など

↓

⑥ 情緒的価値

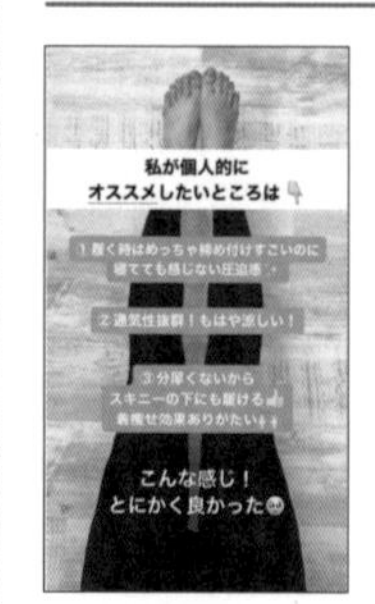

⑤で自分の感想を述べたら、次にストーリーズを見ている人にとっての感情面でのメリットを示す。Instagramでは機能や利便性の訴求だけだと販売にはつながらない。その商品を手に入れることによってどのような気分になるか、どのような未来が訪れるかを想像させ、自分ごとに落とし込ませる。

✕ 初回は値段も安いから買いやすいよ！

○ 生地も薄いから、ぴったりニットの下に着ても響かないよ！

7 機能的価値

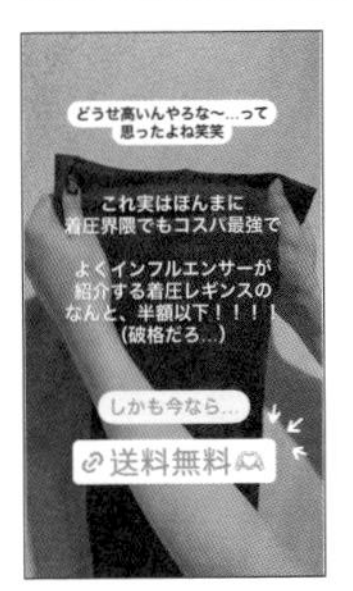

情緒的価値と機能的価値の両方で購入メリットを伝える。容量・サイズや成分などの商品スペックに加え、限定価格や初回送料無料などの購入特典の訴求も有効。

 クチコミ

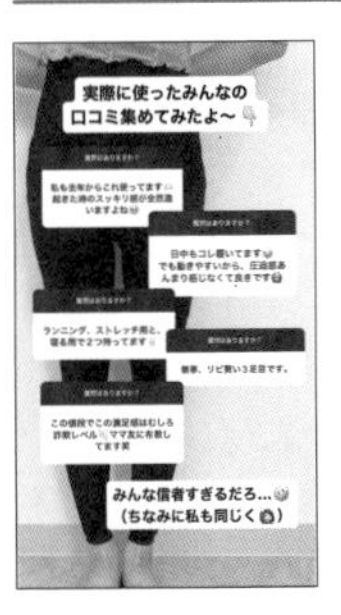

STEP5 で集めたクチコミを載せ、紹介している商品の盛り上がりを演出する。バンドワゴン効果（多くの人が認めているものや流行しているものを好意的に捉える傾向）を活用する。

 クロージング

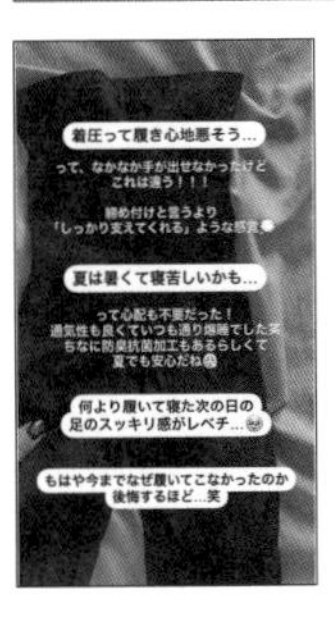

⑤で述べた率直な感想とは違う内容で、自分が感じた商品の魅力やメリットを伝えて一連の商品提案を締めくくる。キャラクターや個性を活かした訴求が大切。

<明るい関西弁のキャラクターの場合>

「ここまでいろいろ書いたけどほんまにめっちゃオススメ！とにかくほんまやばいねん！（語彙力。笑）」

10 質疑応答

質問スタンプを設置し、ストーリーズを見てフォロワーが抱いた商品に関する疑問や不安に DM で回答する。

見込み客とコミュニケーションを取りながら購買意欲を高めることができる。

また、あらかじめ質問を想定して Q&A 画像を作成する方法も効果的。

不明点が残っていると、外部（ネット検索や他アカウントの投稿など）に移動される可能性があるため、ストーリーズの最後で回収しきることが重要。

1枚目の導入例

SNSのキラーワード

SNSにおいて思わずユーザーが閲覧してしまうキラーワードを使い、閲覧数を伸ばす。例えば、YouTubeのサムネイルでよく見る「今までありがとうございました」は、釣りだと分かっていても「もしかしたら引退するのかな？」と気になって見る人が多いため、再生数が伸びる。

@airi_diet_yase

例
・今までありがとう　・実は……
・これみんな知らないんだけど
・重大発表　・観覧注意

アンケート

多くのフォロワーが共感しそうな悩み・あるあるを、答えやすい2択のアンケートで問いかけて回答させる。回答が半々になりそうなテーマや、他の人の回答が気になるテーマがおすすめ。

加えて、2枚目に解決策やプロの見解を載せていることを示唆すると、2枚目以降の閲覧率も上がる。

@noa_web3.0

例
・貯金と投資どっちをやってる？→貯金／投資
・みんなの肌タイプは？→普通肌／乾燥肌／脂性肌／混合肌
・会社員とフリーランス、どっちの働き方がいい？
→会社員／フリーランス

バンドワゴン効果

多くの人が認めているものや流行しているものを好意的に捉える心理学効果を活用。「みんなと同じものがほしい（同じことをしたい）」という心理（他者との同質化願望）を刺激する。

@noa_web3.0

例
・楽天で即完売だったアレが再入荷！
・TikTokでバズりまくってる○○
・レビュー星5評価600件獲得！

インパクトのある言葉

インパクトのある言葉や感嘆詞を大きく配置し、ユーザーを惹きつける。テキストが目立つように、黒ベタや暗い写真を背景に用いる。多用はできないが、閲覧率を伸ばすことが可能。

またアクションスタンプを配置すれば、サンクコスト効果で2枚目に進ませやすくなる。

例
・やば、まじか！！
・うわ！ちょ、え！？
・ちょっと、聞いて！

バーナム効果

多くの人に当てはまる内容であるにもかかわらず、自分のことだと感じてしまう心理学効果を活用する。投稿に興味を持ってもらえるだけでなく、好感度や信頼度を高めることもできる。

@fp_meiko.papa_home

例
・今の年収に不満がある人は必見です
・相手によって態度を変えてしまうことってないですか？
・骨格ストレートでお尻の位置が低い人へ

STEP 7 ハイライトに設定する

コンバージョン率の高かったストーリーズはハイライトに設定します。

プロフィールに常時表示しておくことで、**自動で商品が売れるLP**として機能してくれます。

アフィリエイト用のストーリーズをハイライトに設定する際は、ハイライト名を工夫しましょう。

潜在層（商品を認知しておらず、欲しいものがまだ明確になっていない人）に対しては、**商品名ではなく、ターゲットが思わず気になってタップしてしまうようなハイライト名**をつけます。

ストーリーズの構成によっては、「バッグの中身」や「美容ルーティン」のような**間口を広げたハイライト名も効果的**です。

商品	×	△	○
シャンプー	○○シャンプー	神シャンプー	ツヤ髪の秘訣
ダイエットサプリ	○○サプリ	脂肪カット	体型維持テク

一方、顕在層（商品への関心が高く、比較検討している人）に対しては、商品名や内容をそのままハイライト名にするほうがわかりやすく、親切です。

アカウントのジャンル	ハイライト名の例
お金	「積立NISA」「○○証券」
転職	「自己分析」「年収診断」「最強エージェント」

競合アカウントのハイライトを観察して、ハイライト名やカバー画像、中身のストーリーズのデザインや訴求方法などを参考にしてみてください。

POINT

特に売上の高かったアフィリエイトストーリーズをハイライトに設定し、ユーザーの興味関心を煽るハイライト名で惹きつける

STEP 8 フィード・リールからの導線を作る

ハイライトを作成したら、フィードやリールからの導線を設計します。

第5章でお伝えしたとおり、ストーリーズ閲覧率は優秀なアカウントでも20～30%程度です。

つまりフォロワーが1万人の場合、2,000～3,000人にしかアフィリエイトを見てもらえないということ。

さらに、ストーリーズの後半に進むにつれて閲覧率が落ちていくため、商品が登場する4枚目あたりでは1,500人程度まで減っている可能性があります。

アフィリエイトで稼ぎたいなら、**外部へ露出して、購入する可能性のあるユーザーの母数を増やす**ことが必要です。

ストーリーズを投稿して終わるのではなく、**ハイライトに設定し、さらにフィードやリールを作成してフォロワー以外のユーザーもハイライトへと誘導**します。

誘導用の投稿作りのポイントは、バズる可能性があり、かつその投稿から**ハイライトへの誘導が自然である**こと。

投稿を見ているユーザーのニーズにマッチした、スムーズな導線設計が大切です。

例

アカウントのジャンル	転職
売りたい商品	適職診断（転職サイト）
投稿のテーマ	「即採用される人５つの特徴」

１枚目「業務をしっかり理解している」、２枚目「質問に結論から答えられる」と特徴を挙げていき、最終的に「即採用へのいちばんの近道は、自分のスキルや個性にマッチした業種の企業に応募すること！」→「でも自分だとなかなかわからないですよね」→「そんなときはプロに無料で診断してもらいましょう！」とハイライトへ誘導する。

アフィリエイト用に作成したフィードやリールはピン留め（上部に固定表示）し、新たにプロフィールへアクセスしたユーザーにも見てもらえる状態にしておきましょう。

POINT

**アフィリエイト用ハイライトの閲覧につながるような
フィードやリールを投稿してピン留めし、フォロワー以外の
ユーザーにもリーチして見込み客を増やす**

スキル販売（有形商材）で稼ぐための5ステップ

アフィリエイトの場合、商品自体の知名度や企業の広告の訴求力、他のインフルエンサーの影響力などを借りながら、商品の購入につなげられます。

一方、**他では売られていない自分自身のスキル＝完全オリジナルの商品を販売する場合、純粋にファンの数が売上を左右します。**

ここから紹介するステップ以前に、日頃のアカウント運用やフォロワーとの交流が非常に重要です。

まずはスキル販売のうち、有形商材で稼ぐためのステップを紹介します。有形商材とは、目に見える形で物体が存在する商品・サービスのことです。アクセサリー、アパレルアイテム、イラスト・絵画、食べ物などが当てはまります。

STEP 1 商品を作成する

販売する品物を作成し、価格をつけます。

このとき、自分の好きな世界観や好きなデザインをもとに品物を作るだけでは不十分です。

「Instagramでウケるかどうか」という視点も必要になってきます。

スキル販売（有形商材）の場合、なかなか投稿が伸びなかったりファンが増えなかったりしたときに、投稿しているコンテンツが悪いのか？ そもそもの品物が良くないのか？ の判断が難しいです。

Instagram で稼ぎたいなら、**Instagram のユーザーに刺さるフロントエンド商品**（集客を目的とした商品）を作りましょう。

例えば飲食店が Instagram に広告を出す際、お店の看板メニューをそのまま出すのではなく、あえて「インスタ映えする盛り付け」や「インスタ映えメニュー」を作ってから広告を出すケースが多いです。

なかには、SNS 映えを意識してクリームソーダの盛り付けを変えただけで、売上が前年比 500% まで増加した「うのまち珈琲店」のような事例も存在します。

うのまち珈琲店の事例

POINT

Instagram でウケるデザインやトレンドを意識して商品を作成する

STEP 2 ネットショップを開設する

続いて、商品を販売するためのネットショップ（EC サイト）を開設します。サイト制作の知識がなくても、もともと決済システムやデザインテンプレートが用意されている販売サイトを利用すれば、手軽かつ無料で開設可能です。

主要な販売サイト

サイト名	特徴
minne（ミンネ）	1,500万件以上の商品が販売・展示されている国内最大のハンドメイドマーケット。購入者層は20～40代の女性が中心。購入レビュー率が約40%と他サイトより高め。
Creema（クリーマ）	1,400万点の作品が出品されているハンドメイドマーケット。クーポンやキャンペーン、広告配信機能など多彩なプロモーションツールが用意されている。ネット販売以外のイベントや常設店舗へ出展する機会もある。
BASE（ベイス）	自分好みのECサイトを作れるサービス。HTML編集によりデザインの微調整もできる。決済手数料が安く、メルマガ配信や顧客管理などの拡張機能が豊富。会員限定の商品やページも作れる。
STORES（ストアーズ）	オリジナルに近いECサイトを作れるサービス。決済手段が豊富で、ユーザーにとって購入しやすい。Instagramの投稿から販売サイトに遷移できる「Instagram販売連携機能」がある。

ネットショップを開設できたら、**①商品写真の撮影・アップロード②商品概要の入力③価格設定**の手順で各商品を登録していきましょう。

販売方法は2パターンあります。

❶常時販売

商品リンクから常に購入できる状態です。

顧客を取りこぼすリスクはありませんが、売れるたびに発送作業を行う手間が発生します。

❷期間限定販売

ある程度固定ファンがついてきたら、ブランド価値を高めるために購入可能な期間を絞り込んで販売する方法をおすすめします。

例えば、月初の5日間だけカートをオープンし、それ以外の日はソールドアウトにしておく方法です。

この方法では**「スノッブ効果」という心理効果**を利用しています。

スノッブ効果とは、多くの人が持っているものに対して購買意欲が減少する心理です。人は簡単に手に入る商品よりも、希少性・限定性が高い商品に魅力を感じる傾向にあります。

また、期間限定にすることで発送作業をまとめて行うことが可能です。

> **POINT**
>
> **ネットショップを開設して商品を登録し、**
> **状況に応じて常時販売と期間限定販売を切り替える**

STEP 3 Instagramからショップへ誘導する

ネットショップを開設できたら、**Instagramのプロフィールにショップ URLを設置**します。

さらに、商品の写真や動画を撮影し、**フィードやリールに投稿**してブランディングおよび認知拡大を行っていきます。

投稿を作る際は**「どのような世界観のブランドにしたいのか?」「Instagramを通じて何を伝えたいのか?」を意識**してください。

例えば、同じアクセサリーを紹介するリールでも、テロップ付きで制作工程を映すのか、作品に対する想いを自分の声で語るのかによって、視聴者の印象は異なります。

テロップのデザインや音源、出演者の声のトーンや話し方もブランドの世界観を左右します。

ダークでモダンな世界観のブランドを作りたいのに、流行っているからという理由でポップで可愛いアイドルの曲を使ったり、明るい関西弁の語り口だと、世界観は台無しになってしまうでしょう。

また、有形商材の場合は**写真・動画のクオリティが重要**です。
商品自体がどんなに良くても、写真・動画のクオリティが低いとInstagram上で魅力を伝えられません。
商品の撮り方から映り込む小物まで、細心の注意を払って作品撮りを行いましょう。

POINT
商品の世界観が伝わるクオリティの高いフィードやリールを作成し、ネットショップへ誘導する

STEP 4 オフラインイベントで集客する

アカウントを立ち上げてすぐの頃は、Instagramだけでの集客が難しいです。そこで、序盤は**フリーマーケットや展示会などのイベントに参加し、オフラインで集客（リアル集客）する**ことをおすすめします。
オンラインにはないオフライン集客ならではのメリットは次のとおりです。

- 商品に対するお客様の意見や反応を直接見られる
- イベントごとに新たな顧客を開拓できる
- 商品に関心のない人や通りすがりの人にもアプローチできる
- 他の出展者と交流して刺激を受けたり、つながりを作ることができる現在はフォロワーが多く、Instagram 経由でのみ商品を販売している人でも、駆け出しの頃は全国各地のイベントに参加して、商品・ブランドと自分の顔を売っていた人が多いです。

また、思いがけない出会いから活動の幅が広がるケースも。

僕が以前コンサルティングを行なっていたガラスアクセサリーデザイナーの kana さん（@hmd_kopoli2020）は、オフラインイベントでバイヤーと知り合い、海外での出展イベントにも参加しています。

POINT

初期の段階ではオフラインのイベントに積極的に参加し、Instagram 以外でも集客を行う

STEP 5 ライブ配信で告知・販売する

Instagram にはライブ配信ができる機能も搭載されています。

有形商材の販売を行っているアカウントは、**ライブコマースとの相性が抜群**です。

ライブコマースとは、リアルタイムで配信される動画（ライブ配信）で商品を紹介し、ユーザーの購買を促すオンライン販売手法です。

コメント機能を介して双方向のコミュニケーションができるため、フィードやリールよりも商品に対する想いを強く伝えられます。

また、購入を検討しているユーザーの疑問にもその場で答えられ、購買意欲を高めることが可能です。

一方的に商品の説明をするだけでなく、ライブ配信を見てくれたユーザーにウェーブ（リアクションボタン）を送る、ユーザーの名前とコメントを読み上げて回答するなど、**積極的にコミュニケーションをとりましょう**。

先ほど紹介したガラスアクセサリーデザイナーのkanaさん（@hmd_kopoli2020）の初期の売上は、月に30万円程度でした。

その後リールがバズり、フォロワーが2倍に増えたところで、販売方法を期間限定販売に変更。

新作の販売を開始するタイミングで初めてのライブ配信に挑戦したところ、カートオープンからわずか30分ですべての商品が売り切れ、売上が当初の4倍（約120万円）に増加しました。

POINT

ライブ配信を通じて商品の説明や質疑応答を行い、売上を拡大する

スキル販売（無形商材）で稼ぐための5ステップ

同じスキル販売でも、無形商材と有形商材のマネタイズまでの手順は異なります。

無形商材とは、物体として存在しない情報・サービスのことです。

コンサルティング、トレーニング・レッスン、コーチング、占い、人材紹介、カウンセリングなどが当てはまります。

ここでは「転職アカウント」を例に挙げ、無形商材で稼ぐためのステップを解説します。

STEP 1 商品を作成する

販売する商品を作成し、価格を設定します。

競合アカウントをチェックするだけでなく、**スキル販売プラットフォーム「ココナラ」を参考にする**のもおすすめです。
自分のスキルでどのような商品を作成でき、どの程度の価格帯で販売されているかを確認できます。

無形商材における商品作りのポイントは、1つの商品だけでなく、**3段階の価格帯の商品を用意する**こと。
3つの選択肢があると極端な選択を避け、真ん中を選ぼうとする心理（**松竹梅の法則**）により、売上アップを図れます。

例えば、次のような松竹梅の法則で構成することが可能です。

松竹梅	特徴	商品例
梅（フロントエンド商品）	多くのユーザーにとって手に取りやすい商品で集客する。	・お試し転職相談 ・飲食店のランチ ・パーソナルトレーニングの初回体験 ・お手軽タロット占い 15 分
竹（ミドルエンド商品）	メインとなる看板商品。利益を上げ、より高額な商品へつなげる。	・転職コンサルティング１ヶ月プラン ・飲食店のディナーコース５品 ・パーソナルトレーニング ・タロット占い 30 分
松（バックエンド商品）	ファン向けの商品で利益率を高める。また、梅・竹商品の購入ハードルを下げる。	・転職コンサルティング３ヶ月プラン ・飲食店のディナーフルコース８品 ・パーソナルトレーニング＋食事指導 ・霊視タロット占い 60 分

POINT

競合アカウントやココナラを参考に、
価格を３段階に分けて商品を作成する

STEP 2 無料のプレゼントを作成する

商品の販売をスタートする前に、**無料のプレゼントを作成して顧客リストを獲得**します。

無形商材の販売や後ほど紹介するコンテンツ販売では、**「プロダクトローンチ」と呼ばれるマーケティング手法**を用います。

販売前からペルソナに対して段階的に商品・サービスに関連する情報を与え、商材に対する期待値と購買意欲を高めて、確度の高い見込み客を獲得してから販売する手法です。

物体が存在しない無形商材は、有形商材のようなスペックでの訴求やデザイン・視覚的訴求ができず、商材の魅力を伝えることが難しいです。

そのため、プロダクトローンチで徐々に商品の価値を伝え、**商品が欲しい状態になるまでユーザーを教育する**必要があります。

最初の接点を作るためには、集客の対価となる無料プレゼントが必須です。例えば、飲食店で見かける「LINEを友だち登録してくれたらドリンク1杯無料！」がこれに当たります。

Instagramの場合は下記のようなプレゼントを作成しましょう。

アカウントのジャンル	無料プレゼントの例
転職	・自分の強みがわかる自己分析シート ・人事が絶対に聞く質問100選
Instagram 運用ノウハウ	・発見タブに載りやすくなるバズワード集 ・最新アルゴリズム解説資料
レシピ	・カレの胃袋を掴む愛妻レシピ10選 ・買わないと損するキッチンアイテムリスト
デザイン	・Canva無料テンプレート10選 ・デザインで使えるあしらい集

プレゼントの形式・媒体はPDF資料、YouTube限定動画、noteなど何でもOKですが、**後に販売する商品とつながっているもの**である必要があります。

Amazonギフト券など自分のアカウントに関係のない対価で集客をしてしまうと、プレゼントを受け取った後すぐに離脱されてしまうので要注意です。
見込み客＝フォロワーに刺さるプレゼントを用意しましょう。

POINT

プロダクトローンチの手法を活用し、まずはアカウントのジャンル・商品に関連する集客用の無料プレゼントを作成する

STEP 3 LINEアカウント・チャットを作成する

顧客リストはLINEで獲得していきます。
Instagramのストーリーズ閲覧率が20～30%、メルマガの開封率が10～30%であるのに対し、**LINEの開封率は60%**だと言われています。
顧客に情報を届けやすく、コミュニケーションも手軽に取れるLINEは、リスト取りに最適なツールです。

リスト獲得用のLINEは**「LINE公式アカウント」または「オープンチャット」を利用**します。
LINE公式アカウントは、友だち追加してくれたユーザー１人１人に対し、お知らせ配信やクーポン配布などができるサービスです。

一方のオープンチャットは、トークルームに集まったユーザーと相互に会話できるグループLINEのようなサービスになります。
　それぞれの違いは以下のとおりです。

	LINE公式アカウント	オープンチャット
トーク形式	1:1 チャットの内容は 他のユーザーに見られない	トークルームのメンバー同士 チャットの内容は全員に見られる
月額料金	月に200通まで無料 (送付人数×メッセージ通数) 201通以上は5,000円〜 または、Lステップ※の利用料金2,980円〜	無料
人数制限	なし	5,000人 (拡張申請で1万人にアップデート)
名前とアイコン	変更不可 (LINEの設定に基づく)	トークルームごとに変更可能 (匿名参加可能)
公開設定	なし (QRコードやURLから追加可能)	①全体公開 ②参加コード(パスワード)の入力 ③管理者による承認

※Lステップとは……LINE公式アカウントの機能を拡張した自動化ツール。ステップ配信やセグメント配信、クリック計測など、反応・成約率を高める豊富な機能が用意されている。

　どちらを選択しても構いませんが、「Lステップ」を組んでしっかりと運用したいならLINE公式アカウント、予算を抑えて運用したいならオープンチャットをおすすめします。

LINEを作成できたら、友だち追加またはチャットに参加してくれたユーザーに、STEP2で作成した**無料プレゼントを配布できる状態**にしておきましょう。

また、「プレゼントを配布して終わり」ではなく、後の商品販売につなげられるように、**最低でも週に1回はメッセージ（ジャンルに関連するお役立ち情報、お客様のレビュー・成功体験、自身の価値観など）を配信し、顧客との接点を持ち続けて**ください。

POINT

LINE公式アカウントまたはオープンチャットを利用して
リストを獲得し、継続的に情報を発信する

STEP 4 InstagramからLINEに誘導する

プレゼントと配布先のLINEを作成したら、次にInstagramからの集客を行います。

主な施策は次の4つです。

❶プロフィールにリンクを設置する

LINE公式アカウントの友だち追加用URL、またはオープンチャットの招待URLのリンクをプロフィールに貼ります。

プロフィール文章の最後の行（リンクの上）には、「⬇○○をLINEでプレゼント中🎁」のような、リンクをタップしたくなる一文を入れましょう。

❷ストーリーズにリンクスタンプを貼る

LINEでプレゼントを配布していることや配信内容を定期的にストーリーズに投稿し、リンクスタンプを利用してLINEに誘導します。

❸フィードやリールを作成する

プレゼント内容と親和性の高い投稿を作成し、投稿の最後に「プレゼントGETはプロフィールのリンクから！」などLINEに誘導する案内を入れます。

❹ライブ配信を行う

フォロワーが1,000人を超えてきたら、ライブ配信にもチャレンジしてみましょう。

ライブ配信に苦手意識のある方や、実際に配信をして視聴者の少なさに落ち込む方は少なくありません。

しかし**ライブ配信は、視聴者（フォロワー）との距離を一気に縮めることができ、ファン化およびLINE登録を促進できる強力なツール**になります。

視聴率が1%に満たない場合も多いですが、 そもそも無形商材の販売は**限られた濃い顧客に高額な商品を購入してもらうことが最終目標。**

視聴者数が少なくても気にせず、見にきてくれた熱量の高いフォロワーを大事にできていれば問題ありません。

何を話せば良いか不安な方は、事前にストーリーズで質問を回収してライブ配信中に回答していく形式をとれば、コメントが来なくても無言にならずに済みます。

また、ストーリーズでライブ配信の告知を行うことで、視聴率を上げることが可能です。

POINT

作成したLINEのURLをInstagramのプロフィールやストーリーズに設置し、投稿やライブ配信から誘導する。

STEP 5 セミナーを開催する

無形商材の販売では、プロダクトローンチにおける**顧客教育の一環として無料のオンラインセミナーを開催**します（STEP4のライブ配信はセミナーで話す練習にもなります）。

商品以外の影響力（企業の知名度や宣伝力など）を借りられない自分のオリジナル商品は、当然ファン以外に販売することができません。

購入してもらえないばかりではなく、不特定多数に商品を発信してしまうと、「高すぎる！」「詐欺じゃないの？」といったクレームを受けてしまう恐れがあります。

そこで、**Instagram→LINE→セミナーの流れでスクリーニング**（ふるい分け・選抜）を行い、確度の高い顧客のみを残してから商品を提示し、クレームを減らして成約率を高めます。

LINEの登録人数が100人程度集まったら、無料セミナーの開催を告知します。

できるだけ多くのユーザーに参加してもらえるように、開催日程は複数用意しましょう。

セミナーでも参加者の感情を揺さぶるためにPASONAの法則を意識し、次の見開きのような流れで進行します。

STEP1で作成した有料の商品は、セミナーにたどり着いた確度の高いユーザーにのみ案内します。

セミナーを無料で開催することで**「返報性の原理」がはたらき、成約率を高める**ことが可能です。

もちろん、商品を魅力的に感じてもらうためには、セミナーの内容をしっかりと作り込む必要があります。

POINT

無料セミナーの開催でさらなるスクリーニングを行い、見込み客の感情を揺さぶって商品の購入につなげる

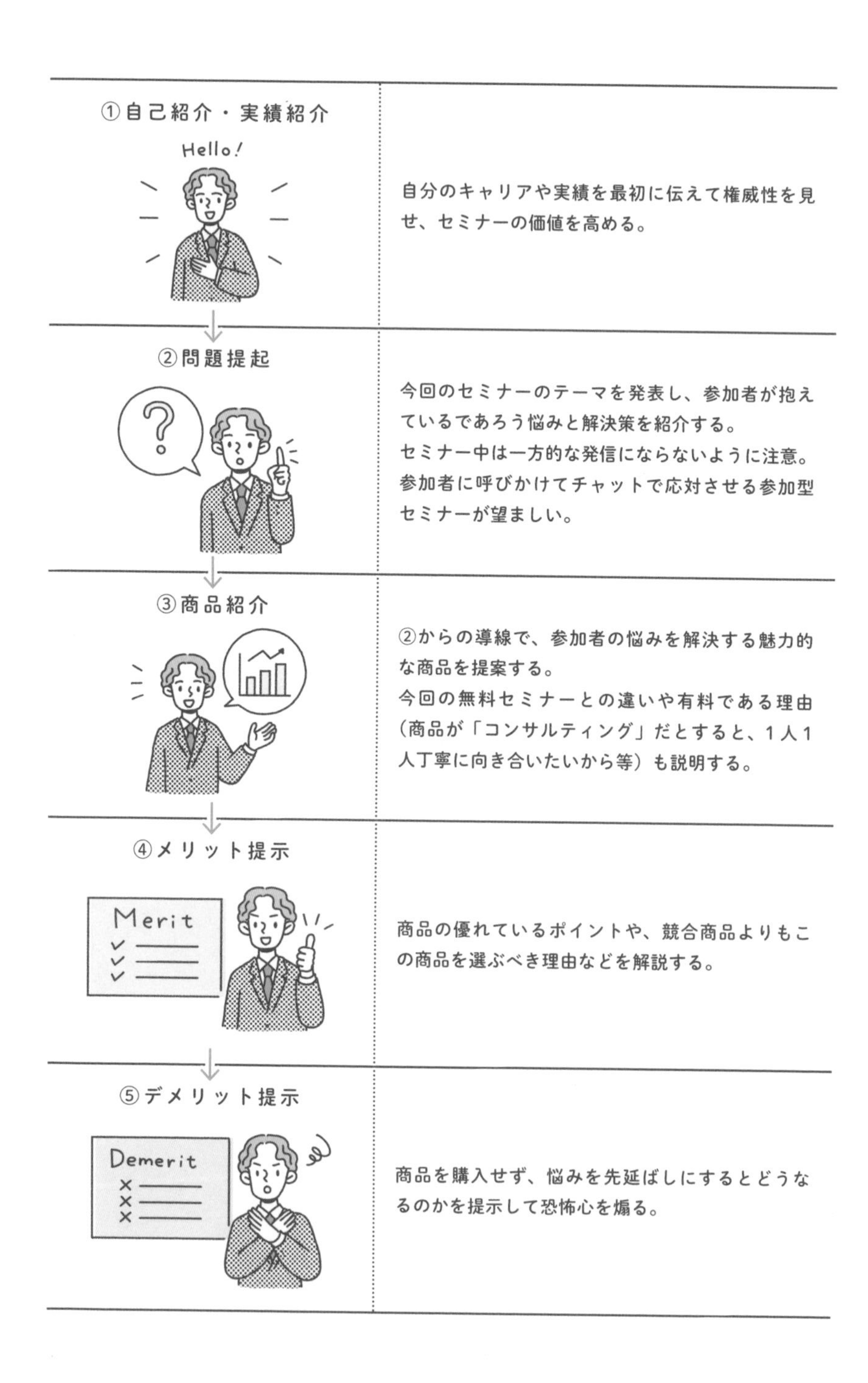
①自己紹介・実績紹介
Hello!
自分のキャリアや実績を最初に伝えて権威性を見せ、セミナーの価値を高める。
②問題提起
今回のセミナーのテーマを発表し、参加者が抱えているであろう悩みと解決策を紹介する。
セミナー中は一方的な発信にならないように注意。参加者に呼びかけてチャットで応対させる参加型セミナーが望ましい。
③商品紹介
②からの導線で、参加者の悩みを解決する魅力的な商品を提案する。
今回の無料セミナーとの違いや有料である理由（商品が「コンサルティング」だとすると、1人1人丁寧に向き合いたいから等）も説明する。
④メリット提示
Merit
商品の優れているポイントや、競合商品よりもこの商品を選ぶべき理由などを解説する。
⑤デメリット提示
Demerit
商品を購入せず、悩みを先延ばしにするとどうなるのかを提示して恐怖心を煽る。

⑥実例紹介 	商品の購入者のレビューや実績を紹介し、購入するとどんな未来が得られるかをイメージさせる。
⑦限定特典の案内  	セミナーで醸成された購買意欲は、時間が経つにつれて下がっていく。 「後日買うよりも今買った方がお得」と感じられる当日成約限定特典（特別価格や動画プレゼントなど）を案内し、お得感を演出する。
⑧自己開示 	「自分も過去に同じ悩みがあったけれど、〇〇で変わった」と経験談を語ることで、共感や同情を引き出す。
⑨質疑応答  	商品の購入手順や決済方法を案内した後、セミナー内容や商品に関する質問をチャットで募集し、その場で回答する。
⑩クロージング 	「こういう人にこそ買ってほしい」「決済完了ですね、ありがとうございます」など、購入を迷っている人の背中を押す言葉でダメ押しする。

コンテンツ販売で稼ぐための5ステップ

コンテンツ販売とは、自分が持っている情報をコンテンツ（文章、画像、動画、音声など）に落とし込んで販売するマネタイズ方法です。

コンテンツ販売でマネタイズする場合、他のマネタイズ方法以上に**アカウント設計やジャンル選定が重要**になってきます。

コンテンツ販売をメインの収益にしたいなら、最終的にどのようなテーマのコンテンツを作成・販売するか、どんなユーザーがそのコンテンツを買ってくれるかを加味したアカウント設計が必要です。

また、コンテンツ販売に適していないジャンルも存在します。

参入したいジャンルでコンテンツが販売・購入されているか、STEP5で紹介する「コンテンツ販売プラットフォーム」を見て**事前に確認**しておきましょう。

コンテンツ販売と相性のいいジャンル例

アカウントのジャンル	コンテンツの例
ビジネス全般	・Instagram運用法 ・チャットGPTの活用術 ・副業のやり方
恋愛	・マッチングアプリ攻略法 ・モテテクニック ・ヨリを戻す方法
ダイエット	・痩せた方法 ・ボディメイク術

STEP 1 無料特典を作成する

コンテンツ販売は、スキル販売（無形商材）と同様に、Instagramのフォロワー全員ではなくリストに対して販売を行う「プロダクトローンチ」の手法をとります。

まずはリストを獲得するための無料特典を用意しましょう。

POINT

アカウントのジャンルおよびコンテンツとの関連度が高い無料特典を作成する

STEP 2 LINEアカウント・チャットを作成する

「LINE公式アカウント」または「オープンチャット」を利用して顧客リストを集めます。

機能や料金を比較しながら、自分に合う方法を選択してアカウントまたはチャットを作成してください。

僕がYouTubeでインタビューを行ったかんなさん（X（元Twitter）@kanna_design2）は、オープンチャットで獲得したリスト300人に対してコンテンツの先行販売を行った結果、販売初日に70部の売上に成功しました。

これは、X（元Twitter）などLINE以外からの流入を含む販売初日の総売上数110部のうちの約64%を占めています。

このように、コンテンツ販売では**ジャンル・商品にマッチした見込み客をLINEに抱えておくことが売上に直結**します。

POINT

LINE公式アカウントまたはオープンチャットを作成し、リストを獲得する

STEP 3 InstagramからLINEに誘導する

無料特典と配布先のLINEを作成したら、次のような施策を行い、ユーザーをInstagramからLINEへ誘導します。

①プロフィールにリンクを設置する
②ストーリーズにリンクスタンプを貼る
③フィードやリールを作成する
④ライブ配信を行う

POINT

コンテンツ販売をスタートする前に、作成したLINEのURLをInstagramのプロフィールやストーリーズに設置し、投稿やライブ配信から誘導する。

STEP 4 有料コンテンツを作成する

続いて、販売するコンテンツを作成します。

コンテンツ販売は2023年の時点でブームになっており、参入者が増えているため、**同じジャンルのコンテンツ（競合）との差別化を意識する**ことが大切です。

僕自身の事例を交えて説明します。

僕は2023年4月末にInstagramの運用ノウハウをまとめた記事コンテンツを販売し、販売開始1ヶ月で2,000万円以上を売り上げることに成功しました。

理由は**①著者の立場による差別化②内容による差別化③実績による差別化**ができたからだと考えています。

販売をスタートする前に競合調査を行ったところ、Instagramというジャンルで特に人気を博しているコンテンツがすでに3つ存在していました。

そのうち2つは網羅性のある教科書のようなコンテンツ、もう1つがフィードアフィリエイトに特化したコンテンツでした。

❶著者の立場による差別化

すでに売れているコンテンツのうち2つは、著者が「自分のInstagramアカウントを成功させた本人」で、その成功体験をベースに運用法を解説する内容です。

一方、僕は「アカウントの運用者」ではなく、アカウントの運用をアドバイスして伸ばす「コンサル」という立場です。

自分の運用実績（主観）ではなく、コンサル実績をもとにアカウントを俯瞰的に分析した運用方法（客観）を解説しているため、単なる成功例ではなく再現性の高い内容として差別化できました。

❷内容による差別化

すでに初心者向けにInstagram運用全般を解説したコンテンツは存在するため、後出しで網羅的な内容を発信しても先行者には勝てないと考えました。

そこで僕は、多くの人が見落としがちな「アカウントの初期設計」と、トレンドかつ競合の解説が手薄な「リール」を重点的に解説するコンテンツを作成し、差別化を図りました。

❸実績による差別化

僕がコンサルを行った全アカウントの中で、突出した成果を上げている1つのアカウントを、コンテンツの軸となる事例として取り上げました。

具体的な成果は「10投稿でフォロワー1万人→アカウント開始から1ヶ月で4.6万人→2ヶ月目からのマネタイズで月収35万円を突破」というもの。

Instagramにおいて他に類を見ない成長速度により、コンテンツを販売する前からすでに注目されているアカウントであったため、コンテンツ販売の売上を伸ばすことができました。

このように、コンテンツ販売においても**競合分析を行い、差別化を行う＝まだ市場に存在しないオリジナルの商品を作る**ことで、後発であっても売上を伸ばすことが可能です。

POINT

競合のコンテンツを分析して差別化を行ったうえで、新たなコンテンツを作成する

STEP 5 プラットフォームで販売する

コンテンツ販売においてよく利用されているプラットフォームは右の**① note ② Brain ③ Tips**の3つです。

	note	Brain	Tips
使いやすさ	○	△	◎
販売価格の上限	1万円 有料会員は5万円	10万円	1万円 有料会員は10万円
アフィリエイト機能	×	○ 紹介者に10〜50%の報酬が入る	○ 紹介者に10〜50%の報酬が入る
販売手数料	10%+決済手段に応じて5〜15%	12% アフィリエイト機能経由の場合は24%	14%
出金手数料	270円	250円	330円〜
レビュー機能	×	○（★評価つき）	×
コメント機能	○	×	×
ユーザー数	◎	○	△

STEP4で作成した有料コンテンツはいずれか、あるいは複数のプラットフォームで販売します。

3つの中で最も早い2014年にリリースされたnoteは、会員数や投稿コンテンツ数が多く、知名度も高いです。

2020年にリリースされたBrain、2021年にリリースされたTipsは、後発ですがnoteにはないアフィリエイト機能が用意されています。

アフィリエイト機能のないnoteの場合、SNSやオンラインサロンなど外部サイトから自力で見込み客を誘導する必要があり、販売難易度が高いです。

一方のBrainやTipsは、アフィリエイターによる紹介・拡散が期待できます。また、Brainにはレビュー機能がついており、見込み客がコンテンツの人気度や購入者の反応を見ることができるため、高評価を得られれば売れやすくなります。

自分に合うプラットフォームを選んだら、販売の初動売上とクチコミを獲得するために、**まずはLINEのリストに対して販売**します。

このときに大切なのが、**①期待値のコントロールと②先行販売特典の設定**です。

❶期待値のコントロール

LINEを登録してくれているユーザーに対し、**コンテンツの完成前から次のように興味付け**を行います。

例

・「インスタ運用のロードマップがようやく完成！
　今までにないコンテンツになりそうで自分でもワクワクしてる」

・「コンテンツ作成もようやく折り返し地点まで来た！
　オープンチャット限定の特典や割引って需要あるかな？」

❷先行販売特典の設定

一般公開での販売開始が10月1日21時、定価が1万円だと仮定します。

同日18～21時までは5,000円でLINE登録者にのみ先行販売を行うなど、期間と対象者を絞った特典を用意すれば、**スノッブ効果によっ**

て購入率を高めることが可能です。

このように購買意欲を高めた状態で発売日を迎えることが大切です。

リストへの先行販売である程度の成果が出たら、Instagramでも告知を行い、購入者の幅を広げましょう。

POINT

獲得したリストに対して発売前から期待値をコントロールし、購入特典を用意してから、自分に合うプラットフォームで販売を開始する

マネタイズのチェックリスト

▼アフィリエイトで稼ぐ場合

- [ ] ASPに掲載されている商品・サービスの中から、販売する商材を選び直す
- [ ] 商材選びでは競合アカウントのハイライトやInstagram上の投稿数を参考にする
- [ ] 複数のASPを比較し、報酬額が高く、成果条件の難易度が低いサイトを選ぶ
- [ ] 販売予定の商品は実際に発注して使用する
- [ ] 商品の使用シーンを複数の切り口で撮影する
- [ ] 商品が解決する悩みをストーリーズで意図的に集める
- [ ] 商品に関するクチコミをストーリーズで集める
- [ ] 1つの商品に対して8～10枚程度のストーリーズを作成する
- [ ] LPをイメージし、PASONAの法則に則ってアフィリエイト用ストーリーズの構成を作り込む
- [ ] ストーリーズの1枚目にはインパクトの強いキャッチコピーや悩みに寄り添う内容を入れる
- [ ] ストーリーズにアフィリエイトリンクを設置して投稿する

- [ ] 成果のでたストーリーズはハイライトに設定する
- [ ] 商品の認知につながるフィード・リールを作成し、ハイライトへ誘導する
- [ ] 誘導用のフィード・リールをプロフィール上部にピン留めする

▼スキル販売（有形商材）で稼ぐ場合

- [ ] Instagramのユーザーに刺さる商品を作成し、価格を決める
- [ ] 無料のネットショップを開設し、商品を登録する
- [ ] 販売期間を決める（常時or期間限定）
- [ ] プロフィールにショップURLを設定する
- [ ] フィード・リールで商品やブランドの紹介を行う
- [ ] オフラインイベントに参加して集客・交流する
- [ ] ライブ配信で商品を紹介し、ユーザーと直接コミュニケーションをとる

▼スキル販売（無形商材）で稼ぐ場合

- [ ] 競合アカウントやココナラを見て、同じジャンルの商品を調査する
- [ ] 3段階の価格帯の商品を作成する
- [ ] リスト獲得のために、商品に関連した無料プレゼントを作成する
- [ ] LINE公式アカウントまたはオープンチャットを開設する
- [ ] LINE上で無料プレゼントを配布する
- [ ] LINEで定期的に情報を発信し、顧客とコミュニケーションをとる
- [ ] プロフィールにLINEのURLを設定する
- [ ] ストーリーズでLINEを紹介し、リンクスタンプを設置して誘導する
- [ ] 無料プレゼントの内容と親和性の高いフィード・リールを作成し、LINEへ誘導する
- [ ] 事前告知のうえライブ配信を行い、LINEへ誘導する
- [ ] ユーザーの悩みを解決する無料のオンラインセミナーを開催する
- [ ] セミナーの後半で商品の案内を行う

▼コンテンツ販売で稼ぐ場合

- [ ] コンテンツ販売に適したアカウント設計・ジャンルであるか見直す
(→適していない場合は第1章の初期設計へ戻る)
- [ ] リスト獲得のために、コンテンツに関連した無料特典を作成する
- [ ] LINE公式アカウントまたはオープンチャットを開設する
- [ ] LINE上で無料特典を配布する
- [ ] プロフィールにLINEのURLを設定する
- [ ] ストーリーズでLINEを紹介し、リンクスタンプを設置して誘導する
- [ ] 無料特典の内容と親和性の高いフィード・リールを作成し、
LINEへ誘導する
- [ ] 事前告知のうえライブ配信を行い、LINEへ誘導する
- [ ] 競合調査のうえ、差別化された有料コンテンツを作成する
- [ ] 販売プラットフォームを選び、登録する
- [ ] 発売前の期待値コントロールを行う
- [ ] LINEのリストに対し、特典付きで期間限定の先行販売を行う
- [ ] Instagramで告知し、先行販売後に一般販売を行う

※直接書き込みたくない人は、P318の読者特典をチェック!

COLUMN

話題の新SNS「Threads」はどう使う？

Instagramを手掛けるMeta社が2023年7月6日にリリースした「Threads（スレッズ）」をご存じですか？

X（元Twitter）とInstagramを足して2で割ったようなテキストベースのSNSです。ユーザー数はサービス開始からたった5日で1億人を突破し、大きな注目を集めています。

Threadsを利用するためには、Instagramアカウントが必要です。Threadsアカウントと Instagramアカウントは1対1で紐づけられ、双方のプロフィールに表示されます。一度作成したThreadsアカウントはInstagramアカウントごと削除しない限り消せません。

	Threads	Instagram	X（元Twitter）
文字数	500文字	2,200文字	140文字 （半角で280文字） 有料ユーザーは 2,000文字 （半角で4,000文字）
画像の枚数	10枚 X（元Twitter）と比較すると画像付きの投稿が多い印象	10枚	4枚
動画の長さ	5分	60分 （フィード）	2分20秒 有料ユーザーは 120分
投稿文内のリンク	○	× ストーリーズやプロフィールには設置可能	○

いいね	△ いいね機能はあるが見返せない	○	○
保存	×	○	○ （ブックマーク）
コメント	○	○	○
拡散・再投稿	○（リポスト）	△（リポスト） 外部アプリが必要	○（リポスト）
引用投稿	○（クオート）	△（リポスト） 外部アプリが必要	○ （引用リポスト）
スレッド（ツリー）投稿	○ 3回改行すると自動的にツリー投稿になる （＝2行以上の改行ができない）	×	○
投稿の下書き	×	○	○
メンション	○	○	○
ハッシュタグ	×	○	○
DM	×	○	○
投稿のシェア	○	○	○
検索	△ ユーザー名のみ検索可能	○	○
インサイト	×	○	○ （アナリティクス）

※2023年9月時点

Instagram と大きく異なるのが、投稿文章内にリンクを貼れる点です。
投稿から直接外部サイトに誘導できるため、アフィリエイト・スキル販売・コンテンツ販売など本書で紹介しているマネタイズ手法との相性が良いと思われます。

ただし、Threads でアフィリエイトを行えるかどうかは各 ASP の規約によって異なるため、事前に確認しておきましょう。

また、Threads 自体には DM 機能が存在しません。
特定のユーザーと直接やり取りしたい場合やキャンペーンの実施で当選者に連絡する場合は、Instagram の DM 機能を活用するか、LINE など外部のメッセージアプリに誘導する必要があります。

新しい SNS といえば、最近だと 2021 年に日本に上陸した「Clubhouse（クラブハウス）」が記憶に新しいですが、こちらは日本ではあまり定着しませんでした。

Threads がどこまで人気の SNS になるかはまだ誰にも分かりません。
まったく新しい縦型ショート動画フォーマットの文化を生み出した TikTok ほど爆発的な人気には至らないかもしれません。

しかし、**リンクが貼れるという大きなメリットがあり、かつ比較的民度が高いと言われる Instagram 系列の SNS であるため、「キレイな X（元 Twitter）」として Instagram のユーザーには重宝されるのでは？ と僕は予想しています。**

Threads のような新しい SNS は今後もどんどん出てくるでしょう。
新たに誕生した SNS が衰退するか繁栄するかは予想が難しいですが、**ユーザーの注目度が高まるリリースから３日間ほどの初動の速さによって、フォロワー数やエンゲージメント数に差が出ることは確かです。**

僕もリリース初日に Threads に関する動画を YouTube にアップしたところ、通常の 3 倍以上のスピードで再生されました！
このように、新しい SNS のリリース直後は世間の注目度が高まります。

始めてみて流行らなければ撤退すればいいだけで何のリスクもありませんが、流行ったときの恩恵は非常に大きいです。

新しい SNS が生まれた際にはぜひ積極的に利用してみてください。

6

終

終章

Instagramで
稼ぐための７箇条

初期設計からマネタイズ施策までを徹底的に行い、継続的に運用していけば、徐々にアカウントにファンが集まっていきます。
その結果、「Instagram で稼ぐ」という目標も達成できるでしょう。

しかし、Instagram を運用し続けていると、体力的・時間的な大変さだけでなく、精神的なツラさを感じることもあるはずです。
そこで最後に、運用ノウハウとは別で、運用するうえで知っておいていただきたい心構えをまとめました。
「ツラくなってきた」「諦めたい」「今日だけサボろうかな」
そんな風に感じたときは、ぜひこの章を読み返してみてください。

① 自分を褒めるべし

まずは、終章までたどり着いた自分を褒めてあげましょう。

「とりあえずやってみよう！」と思いつきで Instagram を始めるのではなく、**お金を出してこの本を購入（自己投資）して、読み切ったことが素晴らしい**です。

もしも半年間自己流で挑戦して上手くいかず、途中から勉強を開始して、そこからさらに半年後に月 10 万円を稼げるようになったとします。
この場合、最初の「勉強していなかった期間」で 60 万円の損失を出したことになります。
勉強を始めた時期が早ければ早いほど、損する時間を減らせるということです。

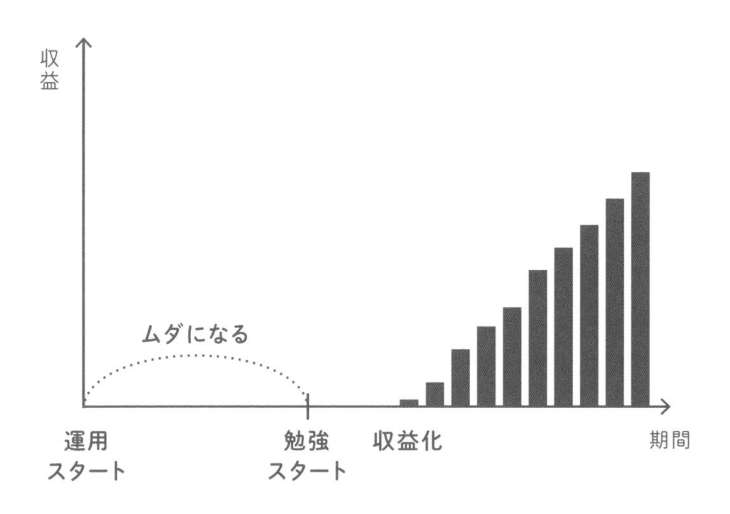

勉強をせずに稼げるようになった人はほんのひと握り。

本書に登場する成功者たちはみんな、本やYouTubeを見て勉強してからInstagram運用をスタートしています。

本書を最後まで読み切った時点で、成功するアカウントの1つ目の条件をクリアしていると言えます。

② 起業と同じだと捉えるべし

とはいえ、本書を読んで満足して終わり……だと意味がありません。

読者の9割は「意外と大変だな」と運用を諦めるでしょう。

残りのたった1割、**学んだことを愚直に実行した人だけが成功をおさめる**ことができます。

序章では「Instagram運用は自宅で始められる0円起業である」とお伝えしました。リスクもコストもかけずに始められるとはいえ、趣味ではなく、お金を稼ぐための「起業」です。

・**趣味：専門としてではなく、個人が自由時間に楽しみとしておこなう行為・事柄**
・**起業：事業を起こし、一定の目的を持って継続的に社会や他者へ価値を提供すること**

Instagramを自由に楽しみたい（趣味）のではなく、稼ぎたい（起業）なら、実際のビジネスでやっていることをやらなければいけないということです。

パン屋を開業（起業）する場合

どんなパンを売る？（商品選定）→どのエリアに出店する？（ジャンル選定）→同じエリアにどんなパン屋がある？（競合分析）……

他のビジネスよりも気軽に始められるからといって、趣味の延長でやっていては続きません。成功もしません。あらためて**「Instagram運用＝起業である」という認識を持ち、本気で運用**していきましょう。

③ アンチとは距離を置くべし

アカウントの運用を続けていくうちに、より多くの人の目に触れるようになり、アンチから批判的なコメントやDMが届く場合があります。「人気が出てきた証拠」「無視すればいい」などと言われますが、どうしても気になり、落ち込んでしまうこともあるでしょう。

アンチコメントを見て傷つく気持ちは、人間の脳の中にある**「ミラーニューロン」という神経細胞に由来する**と言われています。

この神経細胞には、相手の行動（態度・表情・文章を含む）を見るだけで、その行動をとったときと同じ反応を脳内で起こす働きがあります。「運動神経の良い人を見て練習するとスポーツが上達する」などのポジティブな作用がある反面、「緊張している人のそばにいると自分も緊張する」などのネガティブな作用もミラーニューロンが一因です。

ミラーニューロンが活発に働いている人（共感能力の高い人）は、**批判的なコメントを受けるとアンチの感覚とシンクロ**してしまいます。

想像力や推理能力なども相まって、自分由来の感情でないにもかかわらず、傷ついてしまうのです。

誰かの共感を得ることによってフォロワーを獲得しているInstagramの運用者は、そもそも共感能力が高く、アンチにもシンクロしやすい傾向にあります。

傷つくのは当然なので、「こんなコメントに落ち込むなんてメンタルが弱いのかも」と落ち込む必要は一切ありません。

人間は聞いたことのない言葉やどこかで目にした程度のセリフを使うことができません。

つまり、あなたに批判的なコメントを送っているアンチ自身が、そのコメントを誰かから日常的に言われている可能性が高いと考えられます。

アンチ自身が受けたコメントによる「イヤな気持ち」をあなたにバトンタッチしているだけです。

あなたが批判的なコメントを見て傷ついている気持ちは、**一時的にアンチの気持ちに共鳴している**だけの状態。自分の反省点やコンプレックスを探して、コメントの内容と無理やりつなげてしまうと、「自分の気持ち」に変換されてずっと心に残ってしまいます。

深く考えすぎず、「この人は普段こんなことを言われているんだなぁ、可哀想」と受け流せばOKです。すぐにコメントを削除して離れれば、時間が経つにつれて悲しい気持ちは少しずつ薄れていきます。

④ 成功事例を見て落ち込むべからず

Instagramには数多くのアカウントが存在します。

運用方法についてネットやX（元Twitter）で調べたり、Instagramで競合調査をしていると、自分よりも速いスピードでフォロワーを獲得しているアカウントや、フォロワーが少ないのに伸びている投稿に出会うことがあります。

「今月もアフィリエイトで100万円稼いだ」「始めて半年だけど月に8桁稼いでいる」などの声を耳にすれば、ついつい焦ってしまうでしょう。

しかし、すごい成功事例は目につきやすいだけで、全体のほんの一部でしかありません。

例えば、日本アフィリエイト協議会の調査によると、**アフィリエイトをやっている人のうち月に100万円以上を稼いでいるのはたったの約1%。全体の約40%は「収入がない」と回答しています。**

Instagramで稼ぐことは一朝一夕にはいかないものです。

ほとんどの人は本気でやっておらず、勉強せずに始めたり、途中でやめたりして、収益化できていません。

本書を読んで、コツコツ運用し続ければ、上位数%の成功者の仲間入りができる日がきっとやってきます。

⑤ 稼ぐことに罪悪感を抱くべからず

Instagramでお金を稼ぐことに対して、罪悪感を覚える方が一定数いらっしゃいます。

美容室で髪を切って料金をもらうことに対して罪悪感を抱く美容師はいませんし、パン屋でパンを売られることに嫌悪感を抱くお客さんもいませんよね。

しかし、舞台がInstagramになった途端に「フォロワーさんに商品を売っていいのかな？」「販売目的だと思われそうで怖い」と考えてしまう人がいます。

マネタイズに対してマインドブロック※がかかっていると、収益を伸ばすことはできません。

罪悪感のきっかけは、一部のフォロワーから「◯◯さんの投稿は広告がないので見やすいです」「それ宣伝じゃないですよね？」などのコメント・DMをもらったからではないでしょうか。

お得情報、ガジェット、コスメ、ギフトなどのジャンルは、そもそも商品を紹介するアカウントなので、アフィリエイトやPRを行う行為に罪悪感を持つ必要はありません。

暮らし系やノウハウ系だと、商売っ気を出すことに引け目を感じてしまうかもしれませんが、マネタイズに否定的な感想を持つユーザーはほんの一部です。

フォロワーが1万人いて、そのうちの3人から上記のような意見をもらったとしても、残り9,997人のフォロワーが残っています。

※マインドブロックとは……自分で自分に制限をかけている状態

たとえマネタイズを行って3人にフォローを解除されたとしても、アカウントへの影響はほとんどないはずです。

どうしても罪悪感があるなら、無償でInstagramを運用するのもいいと思います。

でもビジネスとして運用していきたいなら、罪悪感をなくして、「稼ぐ」という本来の目的を果たしましょう。

稼ぐことを「お金を"奪う"こと」ではなく「(対価を受け取る代わりに)情報やメリットを"与える"こと」だと考えてみてください。

⑥ 立ち止まらず進み続けるべし

Instagramを運用する過程で、フォロワーの伸び率が落ちて壁にぶつかったり、正解の運用法が分からなくなったり、アカウントの方向性に悩んでしまったりすることもあるでしょう。

そんなときに一番よくないのは、「何を改善すればいいんだろう」「どれからやろう」と考え込んで立ち止まってしまうこと。

考えている時間が最も無駄です。

伸び悩んだときは、あらためて**競合分析やインサイト分析**を行います。

自分はまだやっていないけれど競合アカウントでは取り入れられている要素や、**反応の良かった投稿に入っている要素**を洗い出し、とにかく試してみてください。

- 投稿に文字入れをしていない ⟶ 文字入れしてみる
- 動画にナレーションを入れていない ⟶ 自分の声を録音してみる
- 競合に姿出し・顔出ししているアカウントが多い ⟶ 試しにストーリーズで出してみる

「目についたものからすべて改善していく」くらいの気持ちで進み続けましょう。

⑦ 継続が不可欠であると心得るべし

Instagram運用において最も難しいことは「継続」です。

なかなか効果が出ないとモチベーションが下がり、投稿し続けることがツラくなります。

継続は難しいですが、最低3ヶ月〜1年ほど運用し続けない限り、稼げるアカウントは手に入らないでしょう。

逆に言うと、正しいやり方で**続けることさえできれば稼げる**ということ。継続するためのポイントは次の3つです。

❶自分にとって難易度の低いジャンルを選ぶ

前提として、第1章でお伝えしたとおり初期設計の段階で、**あまり努力せずとも続けられるジャンルを選ぶ**必要があります。

「好き・興味がある」「他の人より詳しい」「他の人より得意」のいずれかに当てはまるジャンルを選択しましょう。

❷モチベーションの上がる環境に身を置く

一人きりで運用を続けていると、「仕事が忙しいから」「家事に時間をとられて」など、つい自分を正当化する理由を見つけて言い訳してしまうもの。また、モチベーションは身近な人に影響を受けやすいです。

自宅だと勉強に集中できないのに塾だと頑張れたり、会社で横の席の同僚が明るいと前向きな気持ちになれたりする経験が、誰しもあるのではないでしょうか。

- **Instagramで同じジャンルの運用者とつながる**
- **オフ会に参加して意見交換する**
- **オンラインスクールに入って仲間と切磋琢磨する**

など、**運用を続けられる環境に身を置く**ようにしましょう。

❸短期の中間目標をつくる

Instagramで最終的にどのくらいの金額を稼ぎたいのか、目標を掲げることは大切です。しかし、目標が大きすぎるとどこに向かえば良いのか分からなくなり、モチベーションを保ちにくいです。

マラソンを走っていてツラくなったときに「あの電柱まで走ってみよう」と踏ん張ったり（電柱理論）、パーソナルジムの先生が「まずは1ヶ月で1kg痩せましょう」と目標を立てたりするのと同様に、Instagram運用においても**中間目標を立てて順番にクリアしていく**必要があります。

「3ヶ月運用を頑張ったら、月のお小遣いが10万円増える」
「3ヶ月で1万人フォロワーが増えたから、次は5ヶ月目までに2万人に増やす」

そう思って頑張っていくうちに、いつの間にか中間目標をクリアでき、遠くにあったはずのゴール（最終目標）に一歩ずつ近づけるはずです。

おわりに

最後に、僕から皆さんへあらためてメッセージを伝えさせてください。

日本一のSNS教育系YouTubeチャンネルや、累計会員数1,500人超えのオンラインスクールを運営している僕は、「もともと賢くて器用だったんじゃないの？」と言われることがあります。

しかし、飛び抜けて頭の回転が速いわけでも、僕が憧れているオリエンタルラジオの中田敦彦さんのように口が達者なわけでもありません。

登録者数約10万人のYouTubeチャンネル「カイシャインのSNS高校」も、とんとん拍子ですぐに登録者数や再生回数が増えたわけではなく、到達するまでに3年もの歳月を費やしました。

僕はどこにでも居る、いたって普通の人間です。

そんな何者でもない僕でも、今やSNS界隈ではちょっとした有名人になりました。

SNS運用者が集まるイベントやオフ会に参加すると、登場するだけで会場がどよめき、写真撮影や質問で長蛇の列ができるほどに……（ありがたい限りです！）。

ではなぜ、いたって普通のスペックである僕がこのような地位を確立できたのでしょうか？

その理由は「いつでも相手のことを考えて愚直に行動していたから」だと思っています。

相手――YouTuberとしては視聴者さん、経営者としてはクライアント、コンサルとしてはSNSを学びたい一般の方――のことをいつも第一に考えています。

僕自身がどうしたいのか？ 何を表現したいのか？ ではなく、相手はどういう立場・状況で、どんな意図があり、僕に何を求めているのか？を考え、思考し、実行する。
　とてもシンプルなことなのですが、意外とできていない人が多いのではないでしょうか。

　僕はSNSについて誰かに説明するとき、相手にSNSの知識がなさそうだと感じたら、「インプレッション」や「リーチ」などの専門用語は使わず、「投稿を見てくれた人の数」のような分かりやすい言葉に置き換えます。
　打ち合わせをするとき、相手が緊張しているように見えたら、先に自分の失敗談などを話してアイスブレイクします。
　このような思考は、Instagram運用においても非常に重要な要素です。

　運用が上手くいっていない人の多くは、この「相手ファースト」の思考が抜け落ちています。
　例えば、プロフィール。自分の表現したいことばかりが書かれていて、おまけに内容が抽象的であるケースが非常に多いです。
　居酒屋で隣の席に座っただけのまったく知らない人が、突然自分語りをしてきたとしたらどう思いますか？
　興味のない人の押し付けがましい話ほど、聞いていて苦痛に感じるものはないですよね？
　でも、Instagram運用で伸び悩んでいる人は、無自覚のうちにこのような運用をしてしまっているのです。
「自分がどうしたいか」ではなく、「自分が投稿を見てほしい相手に対して、どんなプロフィールを作って、どんな投稿をしてあげたら喜んでもらえるか」という気持ちを持って運用することが大切です。

　そして、この思考はInstagram運用だけでなく、人生のあらゆる場面に活きてきます。

家族や友人との関係で、恋人とのやり取りで、職場での立ち振る舞いで「相手ファーストで考えると、ああすべきだった」「こう伝えるべきだった」と、思い当たる出来事はありませんか？

	自分ファースト	相手ファースト
就職活動中	面接で自分をよく見せようと、盛ったエピソードをとにかく語る	面接官の立場や求める人材を想像して、質問に答える
職場で怒られたとき	瞬間的に萎縮してしまったり、反発心から内心悪態をついてしまう	上司の心情を想像し、どういう意図を持って怒ったのかを理解しようとする
恋人と喧嘩したとき	意固地になって心無い一言をぶつける	まず謝り、恋人の立場に立って自分の言動を振り返って誤解を解く

シーンがInstagram運用から上記のような場面に切り替わったとしても、**大切にすべき思考はいつも「相手ファースト」**です。

「自分ファースト」をやめて、ついつい張ってしまった意地を緩めてみれば、相手がかけてほしい言葉やとってほしい行動が見えてくるはず。

目先の自分の利益を必死に拾おうとするよりも、先に相手に何かを与えたほうが、長い目で見ると絶対に得をします。

Instagram運用においても、普段の生活においても、「相手ファースト」の思考を持って行動してみてください。

本書を最後まで読んでいただき、ありがとうございました。

この本が少しでも多くの人の手に渡りますように。

……と、この最後の一言で終わってしまうと「自分ファースト」な本になりますよね。

僕がこの本を作ろうと思ったのは、僕自身が有名になりたいと思ったからではありません。

Instagram運用ノウハウと「相手ファースト」の思考をより多くの人に広めて、豊かな人生を歩む人が増えたらいいなと思ったからです。

「自分ファースト」ではなく「相手ファースト」を初期設計や投稿内容、マネタイズに反映し、ひいては毎日の生活にも反映することができれば、アカウントの成果も人生も劇的に良い方向へと変わるかもしれません。

何者でもない僕が、そうだったように。

長くなってしまいましたが、Instagramで稼ぐことに興味を持ち、「勉強しよう」とこの本を手に取った時点であなたの人生は着実に好転し始めています。

しっかり読み切って、「おわりに」まで真面目に読んでいるのだから、いつも「おわりに」を読み飛ばしてしまう僕なんかに比べて何倍も素晴らしい人です。

ですので、あとはもう本書を通して知った運用ノウハウを実行するのみ。「相手のことを考えて行動する」というスパイスを振りかけたら、きっとすべてが上手くいきます。

さて、本書は「相手ファースト」な内容になっていたでしょうか？

僕はこの本を手に取ってくださったあなたの「Instagramで稼ぐ方法を知りたい」という立場に立って、できるだけ読みやすく、実践しやすいと感じていただけるように、魂を込めて執筆しました。

「この本が役に立った」と少しでも感じていただけたなら、今度は僕に、あなたがアカウントを成長させた姿を見せにきていただけるとこの上なく嬉しいです。

そのときには全力で感謝の気持ちを伝えさせていただきます。

「僕の本を手に取って、相手ファーストの思考で行動してくださって、ありがとうございました！」と。

2023年9月

カイシャイン

巻末特典

ジャンル別の実例付き！
インスタで稼ぐノウハウ30選

巻末特典では、どのような導線で、どのようにマネタイズを
しているのか、実際の運用者のアンケートを掲載しています。
幅広いジャンルを網羅していますので、
自身の運用にお役立ていただけたら幸いです。

ACCOUNT
01

アカウント名	ななえもん◆NHKゆう5時出演
フォロワー数	6万人
運用ジャンル	ポイ活

性別	女性
年齢	30代
本業	司会者

マネタイズ内容	
PR	アフィリエイト

商品単価
100～8,000円

マネタイズの導線
投稿→ストーリーズ→ハイライト設定 ※単価が低い売り切り商品はストーリーズ訴求のみ、ハイライト設定なし。24時間で消える前に自ら消し、上げ直している。

最高月収	260万円
マネタイズ開始時のフォロワー	1万人
マネタイズ開始時の初月の月収	30万円

ACCOUNT

02

アカウント名	ノア ｜ ChatGPT・AI活用術 ｜ WEB3.0時代の資産運用
フォロワー数	9.8万人
運用ジャンル	Web3.0

性別	男性
年齢	秘密
本業	秘密

マネタイズ内容

PR ／ アフィリエイト

コンテンツ販売

商品単価

500円～

マネタイズの導線

ストーリーズ・iステップ・フィード投稿・公式LINE・ハイライト設定

最高月収	300万円
マネタイズ開始時のフォロワー	100人
マネタイズ開始時の初月の月収	70万円

ACCOUNT
03

アカウント名	男前転職 / 就活【公式】
フォロワー数	10.7万人
運用ジャンル	転職

性別	男性
年齢	20代
本業	人材系

マネタイズ内容
コンサル

商品単価
60～120万円

マネタイズの導線
ストーリーズor広告→公式LINE

最高月収	会社として SNS経由で 500万円
マネタイズ開始時のフォロワー	3,000人
マネタイズ開始時の初月の月収	100万円

ACCOUNT
04

アカウント名	ハル｜人事が教える転職の攻略本
フォロワー数	2.7万人
運用ジャンル	転職

性別	男性
年齢	秘密
本業	人事

マネタイズ内容	
アフィリエイト	コンサル

商品単価
1,000～15,000円

マネタイズの導線

アフィリエイト　ストーリーズ→ハイライト設定

コンサル（オンラインスクール）

①無料相談→入会案内　②無料セミナー→入会案内　③ハイライト設定→飛び込み入会

最高月収	200万円
マネタイズ開始時のフォロワー	1.3万人
マネタイズ開始時の初月の月収	120万円

ACCOUNT
05

アカウント名	ぽんこ🌼 6年で5,000万貯めた元 FP銀行員
フォロワー数	3.2万人
運用ジャンル	お金

性別	女性
年齢	29歳
本業	元FP銀行員→ インスタ専業に

マネタイズ内容	
アフィリエイト	コンサル

商品単価
1,000～10,000円

マネタイズの導線
ストーリーズ ※ハイライトも設定しているが、成約のほとんどがストーリーズからのお客様

最高月収	200万円
マネタイズ開始時のフォロワー	4,000人
マネタイズ開始時の初月の月収	6万円

ACCOUNT
06

アカウント名	つっきー*0→5年で1500万｜優待×ゆとり投資主婦
フォロワー数	3.3万人
運用ジャンル	投資

性別	女性
年齢	31歳
本業	看護師

マネタイズ内容
アフィリエイト

商品単価
1,500～8,000円

マネタイズの導線
ストーリーズ→ハイライト設定→フィード投稿→インスタライブ→DMでキーワード入力→LINE登録で動画プレゼント→アフィリエイト

最高月収	20万円
マネタイズ開始時のフォロワー	1,000人
マネタイズ開始時の初月の月収	600円

ACCOUNT

07

アカウント名	ゆりは｜仮想通貨投資で ゆとりある生活
フォロワー数	4,671人
運用ジャンル	投資（仮想通貨）

性別	女性
年齢	30代
本業	主婦

マネタイズ内容

アフィリエイト

商品単価

2,000〜7,000円

マネタイズの導線

ストーリーズ→DMでブログに誘導
※ハイライトも設定しているが、成約のほとんどがストーリーズからのお客様

最高月収	26万円
マネタイズ開始時のフォロワー	100人
マネタイズ開始時の初月の月収	3万円

ACCOUNT

08

アカウント名	ポクナル｜ 1分でわかるパワポ・資料作成術
フォロワー数	1.5万人
運用ジャンル	資料作成

性別	男性
年齢	30代後半
本業	秘密

マネタイズ内容	
無形スキル販売	運用代行

商品単価
1,000円

マネタイズの導線
ストーリーズ→DMでお悩み相談受付→仕事受注

最高月収	15万円
マネタイズ開始時のフォロワー	2,000人
マネタイズ開始時の初月の月収	5万円

ACCOUNT
09

アカウント名 Mirai ロゴデザイナー

フォロワー数 1.2万人

運用ジャンル

グラフィックデザイン

性別	女性
年齢	32歳
本業	グラフィックデザイナー

マネタイズ内容
有形スキル販売

商品単価
27,500～38,500円

マネタイズの導線
フィード全体をポートフォリオにし、DMでご予約をいただく

最高月収	150万円
マネタイズ開始時のフォロワー	20人
マネタイズ開始時の初月の月収	15万円

ACCOUNT

10

アカウント名	sari〻 大人可愛いアイテム・トレンド
フォロワー数	4.8万人
運用ジャンル	美容　ファッション　トレンド

性別	女性
年齢	26歳
本業	フリーランス

マネタイズ内容

PR	アフィリエイト

商品単価

5,000円

マネタイズの導線

ストーリーズ→ハイライト設定
→フィード投稿

最高月収	30万円
マネタイズ開始時のフォロワー	2〜3万人
マネタイズ開始時の初月の月収	15万円

巻末特典

ACCOUNT

11

アカウント名	ナビ
フォロワー数	3.1万人
運用ジャンル	 美容

性別	女性
年齢	26歳
本業	マーケティング職

マネタイズ内容	
PR	アフィリエイト

商品単価
5,000円～

マネタイズの導線
ストーリーズ→ハイライト設定→リール投稿

最高月収	140万円
マネタイズ開始時のフォロワー	4,000人
マネタイズ開始時の初月の月収	3万円

ACCOUNT
12

アカウント名	ANNIE（アニー）
フォロワー数	5.3万人
運用ジャンル	ファッション

性別	女性
年齢	25歳
本業	フリーランス

マネタイズ内容

コンサル / アフィリエイト / 運用代行 / 無形スキル販売 / PR

商品単価

3,000〜5,000円

マネタイズの導線

- PR　フィード投稿&ストーリーズ
- アフィリエイト　ストーリーズ→ハイライト設定→フィード投稿
- コンサル　運用代行　オフ会参加→対面にて受注

最高月収	50万円
マネタイズ開始時のフォロワー	3万人
マネタイズ開始時の初月の月収	3万円

ACCOUNT
13

アカウント名	あいり@自分を好きになる垢抜け美容💄
フォロワー数	5.7万人
運用ジャンル	ダイエット　美容

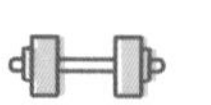 

ダイエット　美容

性別	女性
年齢	20歳
本業	学生

マネタイズ内容	
PR	アフィリエイト

商品単価
4,000～8,000円

マネタイズの導線
ストーリーズ→ハイライト設定→フィード投稿・リール投稿

最高月収	15万円
マネタイズ開始時のフォロワー	5万人
マネタイズ開始時の初月の月収	9万円

ACCOUNT
14

アカウント名 けーちゃん⌇群馬カフェとごはん

フォロワー数 2.9万人

運用ジャンル

カフェ

グルメ

性別	女性
年齢	秘密
本業	接客業

マネタイズ内容

PR ⁝ アフィリエイト ⁝ 運用代行

商品単価

店舗PR 1回1万円
運用代行 月10万円

マネタイズの導線

店舗PR 依頼をいただく
運用代行
アカウントを知っている人からの紹介

最高月収	15万円
マネタイズ開始時のフォロワー	8,000人
マネタイズ開始時の初月の月収	1万円

ACCOUNT

15

アカウント名	あろえちゃん ｜ 東京ヴィーガングルメ🍽
フォロワー数	2.6万人
運用ジャンル	グルメ

性別	女性
年齢	25歳
本業	デザイナー

マネタイズ内容

無形スキル販売

商品単価

5,000〜6,000円

マネタイズの導線

ストーリーズと投稿でヴィーガンビュッフェやヴィーガン料理会の告知→プロフィールのイベント予約フォーム

最高月収	20万円
マネタイズ開始時のフォロワー	1.5万人
マネタイズ開始時の初月の月収	3万円

ACCOUNT
16

アカウント名	shizu｜胃袋つかむ料理家
フォロワー数	3.2万人
運用ジャンル	料理

性別	女性
年齢	29歳
本業	元病院勤務→ インスタ専業に

マネタイズ内容	
無形スキル販売	PR

商品単価

料理動画作成 1本3～6万円
料理教室 1人3,500円

マネタイズの導線

PR動画 DMからご依頼
料理教室
ストーリーズ、インスタライブ、投稿にて集客

最高月収	30万円
マネタイズ開始時のフォロワー	1万人
マネタイズ開始時の初月の月収	1万円

巻末特典

ACCOUNT
17

アカウント名	kopoli コポリ ガラスアクセサリー［デザイナー：kana］
フォロワー数	1.1万人
運用ジャンル	ハンドメイド

性別	女性
年齢	秘密
本業	ハンドメイドアクセサリー作家

マネタイズ内容
有形スキル販売

商品単価
6,380～24,200円

マネタイズの導線
毎月1回ウェブショップをオープン（2～3週間前から告知）→販売会の前日にインスタライブで商品紹介→販売当日はストーリーズでカウントダウンとショップに飛べるようにURLをリンク

最高月収	190万円
マネタイズ開始時のフォロワー	43人
マネタイズ開始時の初月の月収	3万円

ACCOUNT

18

アカウント名 melancholily💍こっこ

フォロワー数 2.6万人

運用ジャンル

ハンドメイド

性別	女性
年齢	28歳
本業	ハンドメイド作家

マネタイズ内容
有形スキル販売

商品単価
3,000円

マネタイズの導線
フィード投稿→ストーリーズ→外部サイトで販売

最高月収	70万円
マネタイズ開始時のフォロワー	3,000人
マネタイズ開始時の初月の月収	13万円

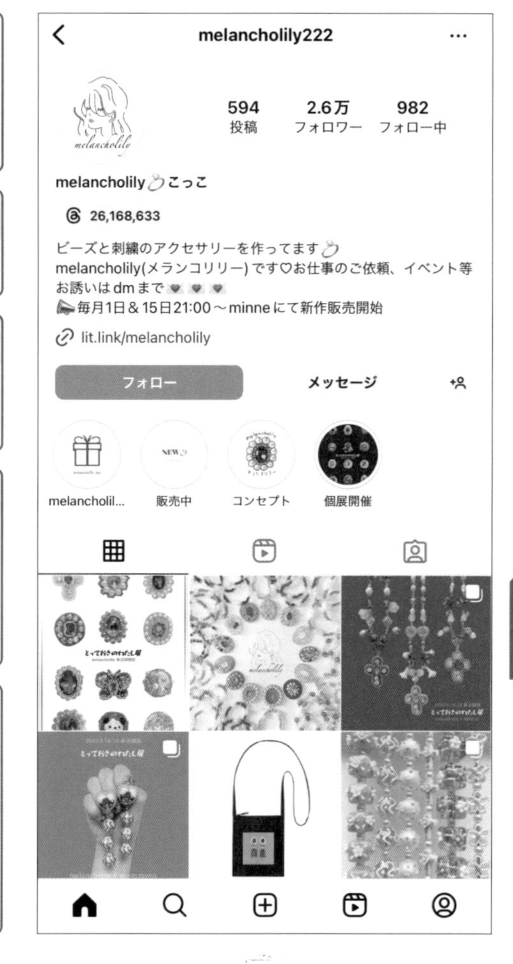

ACCOUNT

19

アカウント名 yoko ｜ 楽天ROOMは0と5のつく前日に更新中 

フォロワー数 5.8万人

運用ジャンル 子育て 暮らし

性別	女性
年齢	36歳
本業	フリーランス

マネタイズ内容	
PR	アフィリエイト

商品単価
5,000～7,000円

マネタイズの導線
ストーリーズ

最高月収	360万円
マネタイズ開始時のフォロワー	2.8万人
マネタイズ開始時の初月の月収	40万円

ACCOUNT
20

アカウント名	エイミー✿シンママの超かんたん ラク家事
フォロワー数	1.8万人
運用ジャンル	 暮らし

性別	女性
年齢	アラフォー
本業	理学療法士

マネタイズ内容

PR ｜ アフィリエイト ｜ コンサル

商品単価

280〜13,000円

マネタイズの導線

アフィリエイト
訴求（ストーリーズ・フィード・リール）→誘導（ハイライト・ストーリーズ・フィード・リール）→iステップ

最高月収	15万円
マネタイズ開始時のフォロワー	1,000人
マネタイズ開始時の初月の月収	59円

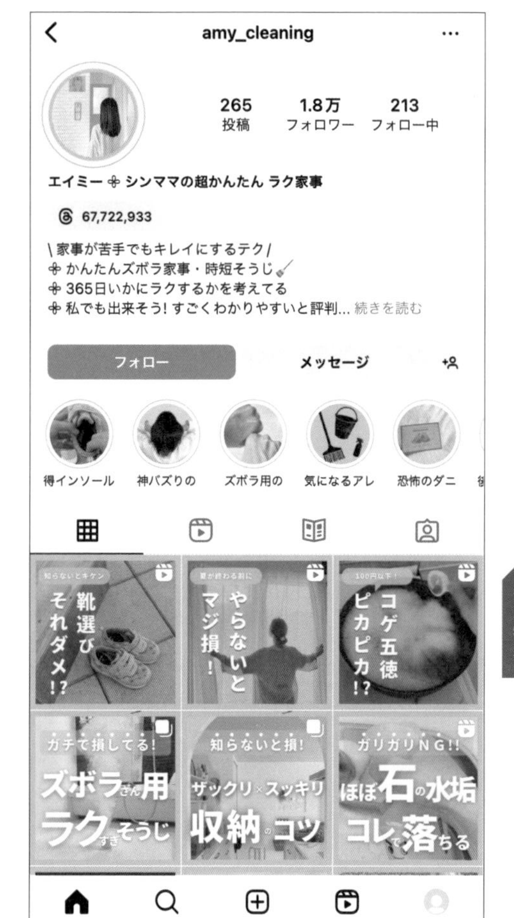

ACCOUNT

21

アカウント名	キラキラちゃん👩🏻‍💼💔 生涯独身を掲げるアラサー女
フォロワー数	2.6万人
運用ジャンル	大人のソロ活

性別	女性
年齢	アラサー
本業	秘密

マネタイズ内容	
PR	アフィリエイト

商品単価
4,000～8,000円

マネタイズの導線
ストーリーズ→ハイライト設定

最高月収	70万円
マネタイズ開始時のフォロワー	6,000人
マネタイズ開始時の初月の月収	35万円

ACCOUNT
22

アカウント名	Koki Komai / iPhoneと暮らし
フォロワー数	9.8万人
運用ジャンル	iPhone　夫婦

性別	男性
年齢	26歳
本業	経営

マネタイズ内容

PR ｜ コンサル ｜ 運用代行

商品単価

PR 18万円～
コンサル 30～45万円

マネタイズの導線

PR フィードorリール+ストーリーズ
コンサル
フィード・ストーリーズからセミナー案内、公式LINEに誘導しセミナーで販売

最高月収	1,300万円
マネタイズ開始時のフォロワー	1,000人
マネタイズ開始時の初月の月収	50万円

巻末特典

ACCOUNT
23

アカウント名　AKI💎
強みを活かすキャリア専門占い師

フォロワー数　2.1万人

運用ジャンル

占い

性別	女性
年齢	秘密
本業	占い師

マネタイズ内容
無形スキル販売

商品単価
5,000～20,000円

マネタイズの導線
ストーリーズやハイライトで個別鑑定について訴求→DMにて予約受付

最高月収	20万円
マネタイズ開始時のフォロワー	1万人
マネタイズ開始時の初月の月収	8,000円

ACCOUNT
24

アカウント名	かめぽん🐢1級建築士ママの間取り相談🏠家事がラクになる家づくり
フォロワー数	1.3万人
運用ジャンル	 家づくり

性別	女性
年齢	30代
本業	建築士

マネタイズ内容

無形スキル販売

商品単価

1.1〜10万円

マネタイズの導線

プロフィールに公式LINE記載→プレゼント配布し、そこから有料プラン案内

最高月収	30万円
マネタイズ開始時のフォロワー	500人
マネタイズ開始時の初月の月収	1.3万円

ACCOUNT
25

アカウント名	おぎわら / HSPコーチ
フォロワー数	4.2万人
運用ジャンル	HSP　自己啓発系

性別	男性
年齢	29歳
本業	コーチ

マネタイズ内容
無形スキル販売

商品単価
5～48万円

マネタイズの導線
ストーリーズ訴求（共感）→ストーリーズ訴求（問題提起）→ストーリーズ訴求（解決策）→ハイライト（LP）またはDMで個別相談案内

最高月収	300万円
マネタイズ開始時のフォロワー	300人
マネタイズ開始時の初月の月収	5万円

ACCOUNT
26

アカウント名	ジャッキー🌴 与論島（ヨロン島）観光大使
フォロワー数	1.6万人
運用ジャンル	旅行

性別	男性
年齢	43歳
本業	会社員

マネタイズ内容	
無形スキル販売	コンサル

商品単価
5,000～50,000円

マネタイズの導線
インスタでファン化→ストーリーズ・インスタライブで訴求→高単価で数量限定販売

最高月収	12万円
マネタイズ開始時のフォロワー	7,000人
マネタイズ開始時の初月の月収	12万円

巻末特典

ACCOUNT

27

アカウント名 えま先生 / 現役保育士10年目【イラスト✕保育ネタ】

フォロワー数 1.6万人

運用ジャンル

教育

性別	女性
年齢	30代前半
本業	保育士

マネタイズ内容
有形スキル販売

商品単価
1,000～1,700円

マネタイズの導線
投稿・ストーリーズで訴求 →プロフィールのリンク

最高月収	40万円
マネタイズ開始時のフォロワー	1,000人
マネタイズ開始時の初月の月収	7,000円

ACCOUNT
28

アカウント名 チコ♡初心者でもインスタで売れる作家になる♡ハンドメイド作家のためのオンラインサロン〈チコサロ〉

フォロワー数 6,262人

運用ジャンル オンラインサロン

性別	女性
年齢	40代
本業	グラフィックデザイナー、ハンドメイド作家

マネタイズ内容
無形スキル販売

商品単価
1,100～59,800円

マネタイズの導線
ストーリーズ・インスタライブで告知

最高月収	400万円
マネタイズ開始時のフォロワー	0人（マネタイズと同時にアカウント開設）
マネタイズ開始時の初月の月収	2万円

巻末特典

ACCOUNT

29

アカウント名	はやと｜オフェンス力特化のサッカーコーチ
フォロワー数	2.6万人
運用ジャンル	スポーツ(サッカー)

性別	男性
年齢	22歳
本業	フリーランス

マネタイズ内容	
無形スキル販売	PR
コンテンツ販売	運用代行

商品単価
5,000～50,000円

マネタイズの導線
インスタのプロフィールに公式LINEへ誘導するLPを貼る→プレゼントでLINE登録→無料個別オンラインサポート&限定メッセージ配信→有料プラン案内

最高月収	45万円
マネタイズ開始時のフォロワー	2,000人
マネタイズ開始時の初月の月収	5万円

ACCOUNT
30

アカウント名 あゆあゆ / デザイン書道家(ayumi iwata) 📚イラスト&メッセージ本をGAKKENから出版

フォロワー数 17.3万人

運用ジャンル

書道

性別	女性
年齢	30代
本業	デザイン書道家

マネタイズ内容	
PR	アフィリエイト
無形スキル販売	コンテンツ販売

商品単価
3,000円～

マネタイズの導線
ストーリーズからの販売

最高月収	秘密
マネタイズ開始時のフォロワー	1,400人
マネタイズ開始時の初月の月収	5～10万円

happymoji_ayuayu

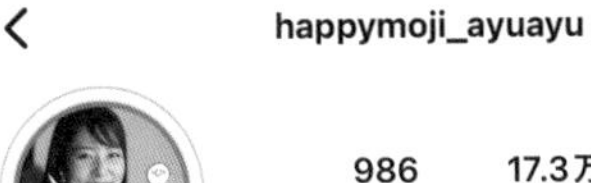

986 投稿　17.3万 フォロワー　217 フォロー中

あゆあゆ/デザイン書道家(ayumi iwata)📚イラスト&メッセージ本をGAKKENから出版

2,951,689

アーティスト
\大切な人に贈ろう/
💚世界に1つだけ!お名前ポエム
👇オーダーは《ショップを見る》へ... 続きを読む

happymoji.thebase.in、他1件

あゆ友全員集合💚
一斉配信チャンネル・メンバー643人人

ショップを見る

フォロー　メッセージ　サブスクリプショ…

お名前応募　みんなの声

裏側トーク

最強UV

コミュニティ

詳しい応募方法は Chek! ココを見てね

巻末特典

革命的にもっと稼げる読者特典！

マネタイズ4項目（アフィリエイト・スキル販売〔有形＆無形〕・コンテンツ販売）をさらに深掘りする限定動画を含む6大特典をプレゼント！
以下のQRコードから公式LINEを友だち追加して、「革命」とメッセージを送ってください。

<特典のPOINT>

①本書で紹介した4つのマネタイズをさらに深掘り！

何度も繰り返して耳でも覚えられるように動画化しています。マネタイズの重要項目とノウハウを体に染み込ませましょう。

②差別化された投稿を作るためのメソッドを解説！

差別化された投稿の作り方をより深く解説します。最も簡単な「デザインによる差別化」がマスターできます。

③ストーリーズ閲覧を10倍にする秘密のテクニックを伝授！

誰もが悩むストーリーズ閲覧率を爆発的に飛躍させる方法を解説します。すぐに試せて結果が出る必勝法が手に入ります。

④バズを生み出すアカウントを作る！ インサイト分析を攻略！

インサイト分析のロジックを解説します。伸びない要素を洗い出してアカウントをブラッシュアップしましょう。

⑤目的別バズワード解説資料を公開！

本書でも登場した「PASONAの法則」をもとにしたバズワードの作り方を学べます。ユーザー心理を理解することがバズへの「最短ルート」です！

⑥自己分析シート&章末チェックリストをスプレッドシート化!

書籍に直接書き込みたくない人は、ぜひスプレッドシートを活用いただきバズるアカウントを作り上げてください。

※特典は、予告なく終了する可能性があります

【著者略歴】

カイシャイン

SNS 教育系 YouTuber。BEASTAR 株式会社取締役。
大阪府生まれ。SNS アカウントのコンサルティング・運用・キャンペーン実績は 100 社以上。
SNS 教育系 YouTube チャンネル「カイシャインの SNS 高校」では、「日本一面白く SNS を教える」をモットーに発信を続け、登録者数 10 万人超え（2023 年 9 月現在）。「Brain」にて SNS 運用ノウハウを解説したコンテンツは、販売開始 1 ヶ月で売上 2,000 万円を突破。
また会員数累計 1,500 人以上のオンラインスクールを運営している。
コンサルティング実績には投稿開始 1 ヶ月でフォロワー数 4.6 万人突破、Instagram のリール総再生数 1,145 万回のアカウントなど。
講師として企業への SNS インハウス研修、大学や行政での SNS 講演も多数行っている。
SNS で " 何者か " になりたい人の第一歩を応援中！

ブックデザイン：菊池祐
イラスト：福士陽香
DTP：エヴリ・シンク
編集協力：榎谷ゆきの

3ヶ月で1万フォロワー・月10万円を叶える

革命的に稼げるインスタ運用法

2023年10月3日　初版発行
2024年2月25日　4版発行

著　者　カイシャイン
発行者　山下 直久
発　行　株式会社 KADOKAWA
〒102-8177　東京都千代田区富士見2-13-3
電話　0570-002-301（ナビダイヤル）

印刷所　大日本印刷株式会社
製本所　大日本印刷株式会社

●お問い合わせ
https://www.kadokawa.co.jp/（「お問い合わせ」へお進みください）
※内容によっては、お答えできない場合があります。
※サポートは日本国内のみとさせていただきます。
※Japanese text only

定価はカバーに表示してあります。

ISBN 978-4-04-606345-8 C0030